# 日本
## 說走就走,
## 絕美四季!

無 時 不 刻 ,
出 發 ～ 日 本 さ い こ う !

TOMOKO —— 著

# 前言

## 跟著我一起遊遍日本、探索各地四季美景吧！

2015年，為了一圓兒時夢，為了當一名「作家」，我毅然決然地辭職，走上創作的道路。2016年1月，我的第一本著作《日本工作去！日本大手企業正社員応募採用情報》順利出版，看著大小書店鋪著自己寫的書，彷彿看到自己的夢想成形茁壯。

然後我開始著手準備我的第二本書，也就是現在你手中翻閱的這一本《日本説走就走，絕美四季！──無時不刻，出發～日本さいこう！》。這是我的第一本旅遊書（也可能是最後一本?!）。我在2007年至沖繩交換留學，這個經驗不只開啟了我的留日生活，同時也是我個人旅遊創作的開端，在留學期間我養成了在部落格上寫日誌的習慣。沒有想到一寫就寫了八、九年，持續不斷，從一開始只是跟親朋好友分享近況，但現在會把景點介紹、交通方式、餐廳美食等資訊全都鉅細靡遺地記載下來，期許能幫助更多旅人們規劃行程。

喜歡旅遊的我，在沖繩留學的時期，常常利用假日跟著朋友四處遊玩，也會利用長假飛到日本本島旅遊；爾後在東京留學、工作，更是立下要稱霸日本47都道府縣的豪願；七、八年後，2015年10月，我終於完成了這個壯舉。

雖不敢說自己走遍了日本各地，但至少我的足跡踏過了日本每一個都道府縣，看過各地不同的山水之景，也見證過許多地方的春夏秋冬之美。這本書可以說是我日本旅遊經驗的集大成之作，每個季節的景點介紹，都是從日本各地精選。雖然過去已經遊歷過日本許多地方，但在寫作過程中，為了蒐集更多、更全面的資料，還特別規劃了三四次的日本旅遊，再走訪一次日本各地的春夏秋冬。寫作的時間很長，工程非常浩大，我常常一邊整理資料一邊搖頭笑自己，心想，恐怕沒有人這樣寫旅遊書的吧。範圍這麼廣，不鎖定日本的一個都道府縣或是區域，而是網羅全日本的景點，怎麼會有這麼貪心的作者。而且為了蒐集資料，還要額外安排數趟旅行，版稅根本完全不夠平衡這些取材費用。但是作品完成時的成就感，是無價的。

日本旅遊興盛，相關資訊不論網路資料或旅遊書都非常多，因此創作過程中偶爾會被親友質疑：「市面上還有缺你這一本日本旅遊書嗎？」只是，綜觀現今市面上的旅遊書，多半都是以地區分界，專精某個地區作介紹；TOMOKO希望可以透過這本《日本說走就走，絕美四季！──無時不刻，出發～日本さいこう！》，提供旅人們一個新的方向。規劃行程，除了考慮地區以外，不妨嘗試從「季節」下手。和台灣不一樣，日本是個四季分明的國家，春夏秋冬各有不同的顏色。

這幾年日本旅遊的經驗我深深體悟了一件事：旅遊是有季節性的。看花要在春天、賞雪要在冬天，很多景色，季節不對，就看不到了。還記得2008年初春我策劃了一趟九州之旅，滿心期待能看到阿蘇綠油油的「草千里」，但是時值四月，春天才剛開始，草還沒長出來，沒能看到旅遊書上刊載的美景，只看到略微枯黃的大地。從此我就記取了教訓，有些旅遊要看季節，在對的季節去才會看到對的景色。遊歷47都道府縣，我常常規劃「季節性旅遊」，在各種花開的季節去賞花、楓葉紅的季節賞楓紅。日本由南到北，不同的地區、不同的季節，有著不同的景色。藉由此書，提供熱愛日本的自助旅遊者一個新的觀點，來幾趟「季節限定」的旅遊。TOMOKO自詡為「自然系女孩」，喜歡上山也愛下海，喜歡挖掘日本的大自然祕境，如果你也跟我一樣喜歡大自然，歡迎跟著我的腳步，一起探索日本各地一年四季的大自然美景。

──Tomoko 2016.8.15

## Chapter 3　秋　紅葉與黃葉競演的季節

## Chapter 4 冬　雪之大地

# 規劃自助旅遊小撇步

## ♣ 機票怎麼買？

現在台日航線非常多，除了傳統的 FULL SERVICE CARRIER 以外，廉價航空（LOW COST CARRIER）也越來越多。2016 年光是台北東京航線就有 13 家航空公司在飛（其中 6 間 LCC）。

航空公司這麼多，究竟該怎麼選呢？

## 台日航線大評比

| 航空公司 | 價位 (註1) | 航點 | 託運行李 (註2) | 優點 |
|---|---|---|---|---|
| 長榮 | 中價位 | 沖繩、福岡、小松、大阪、東京、仙台、函館、札幌、旭川 | Y:30KG<br>C:40KG<br>< Y7 C7 X1PC> | 機上娛樂豐富、飛安紀錄優良 |
| 華航 | 中價位 | 沖繩、石垣、鹿兒島、宮崎、熊本、福岡、高松、廣島、富山、靜岡、名古屋、大阪、東京、札幌 | Y:30KG<br>C:40KG<br><Y7 C7 x1PC> | 航點多、班次多 |
| ANA | 中高價位 | 東京 | Y:2PC（23KG）<br>C:2PC（32KG）<br><Y10 C10 x1PC> | 服務佳、餐點品質優、五星級航空 |
| JAL | 中高價位 | 東京、大阪、名古屋 | Y:2PC（23KG）<br>C:2PC（32KG）<br><Y10 C10 x1PC> | 日式服務、航線較ANA多 |
| 國泰 | 中價位 | 福岡、東京、大阪、名古屋、札幌 | Y:30KG<br>C:40KG<br><Y7 C10 x1PC> | |
| LCC | 低價位 | 沖繩、福岡、大阪、名古屋、東京、茨城、仙台、札幌 | 手提行李限重7～10KG不等；託運行李除了優惠套票 | 價格便宜 |

註1：此價位以台北東京航線的平均值做參考

註2：Y意即經濟艙，C意即商務艙；< >為手提行李。除了兩間日籍航空是算件數以外；其餘全是算重量。要注意的是，日籍航空經濟艙除了算件數以外，每件行李不能超過23KG（商務艙32KG）。例：搭乘經濟艙，託運兩件行李，一件30KG、一件12KG，總重量未超過46KG，但30KG的那件行李超過23KG，還是要被收超重費。

　　華航自2016年7月起增加行李託運額度，國泰和長榮自9月和10月起調整。

※ 以上為2016年12月資訊，最新情報請參閱各航空公司官網。

## ⠿ FULL SERVICE CARRIER V.S LOW COST CARRIER

選擇廉價航空，最大的誘因不外乎是低廉的價格。但是也別忘了低廉價格背後，可能會被迫額外追加的開銷。

### 使用者付費 ─────────────

廉價航空在服務上大減成本，才能為旅客提供低廉的價格，因此搭乘廉價航空請不要過度期待服務。行李託運要收費、機內餐點也要收費，就連預先選位都要收費。傳統航空公司提供的服務，大多數在廉價航空都是要付費的。

### 看不見的額外開銷 ─────────

有些人本身就不喜歡機內餐，所以廉價航空餐點要額外收費，對他們來說無關痛癢。但是，除了服務是使用者付費以外，還有一些你第一時間沒想到的額外開銷。許多廉價航空的航班時間選在深夜或凌晨，讓遊客可以將行程發揮到最大值，玩到最後一刻，同時也透過揀選這種比較不受喜愛的時間，降低成本。但是也因為這樣，為了在大眾運輸工具運行時間外的時段往來機場，你可能要額外花一筆計程車費，否則就要更改行程，提早抵達機場，或者在機場過夜，隔天一早再開始移動。

## 廉價航空壓縮成本會壓縮到安全度？ ——————————

很多人選擇廉價航空前，會有一個擔憂：「廉價航空會不會比較不安全？」其實廉價航空雖然提供旅客優惠的價格，但壓縮的是成本，例如將各種服務使用者付費化，或是將座椅間的距離縮短，好在同樣的空間內放置更多座位，讓同一架飛機能賣更多座位。飛航安全是不容妥協的，成本再壓縮，也不會壓縮到安全度。

## 廉價航空最大的問題在於突發事件的後續服務 ——————————

廉價航空是使用者付費概念，不只不該期待機內服務，若有臨時狀況、突發事件發生，也不能要求和傳統航空公司同樣等級的應對。如果班機臨時取消，廉價航空並不會主動幫客人安排搭乘其他航空公司等替代方案。若是颱風等天災屬不可抗力因素，本就不是航空公司應當負責的範疇，傳統航空公司亦同。但若因維修問題或班機調度等，航空公司自我的因素，廉價航空雖會安排後補班機，例如安排兩天後起飛，但若旅客無論如何都要趕在當天出發的話，只能放棄廉價航空的機票，自行付錢買別家航空公司的機票，廉價航空並不會有任何賠償。

再者，廉價航空有些優惠票，雖然價格非常低廉，但限制也多。這種優惠票往往不能更改、不能退票。如果因故無法順利出發，只能自認倒楣，自己承擔這筆有去無回的支出。

## 廉價航空的航廈較遠、報到時間要提早 ──────────

廉價航空為節省成本，所處航廈常常會離一般航廈較遠，若是有接其他航班，轉乘時間需要多估一些。櫃檯報到時間也要比一般航空公司早，一般航空公司於航班起飛前 40 分鐘關櫃，廉價航空則是 45 ～ 60 分不等。

## ⁙ 機票怎麼買？跟旅行社訂還是上航空公司官網訂？

決定好目的地、研究好航空公司後，有了中意的航空公司，機票要跟誰買？旅行社有時候會有優惠票價，會比直接跟航空公司訂還要便宜，但是也要注意，透過旅行社購買的機票，若要更改時間、航線或是姓名，往往要透過旅行社，而不能直接找航空公司更改。例如，到了機場臨時發現需要變更資料，有些時候得聯繫旅行社請他們代為變更，航空公司沒有權限當場直接更改。

另外要注意的是，不論是跟旅行社或是航空公司訂購，部分特價促銷的優惠票會有些許限制（不能更改日期等等）。購買前務必詳閱規則。

# 台日航線航空公司

台日航線，除了廉價航空以外，TOMOKO 幾乎都有搭過，即便是放諸全世界，和眾家航空公司相比，個人還是最喜歡 ANA。

以下分析 ANA 的幾項優點：

### 優點一：無可挑剔的日式服務

ANA 為日籍航空公司兩大巨頭之一，貫徹日式服務「おもてなし」的精神，致力於為每一位客人提供最好的服務。

### 優點二：松山羽田航線全數使用 787 夢幻客機

ANA 每日共有三班台北東京航線，其中兩班為松山羽田，此航線全數使用波音 787 夢幻客機。機艙乾淨舒適，個人娛樂系統螢幕大小適中，可連接個人 USB。

分別為台北東京航線經濟艙和商務艙的洋式餐點。

ANA 羽田機場貴賓室，可以吃到現煮的拉麵或烏龍麵，據說咖哩飯也是 ANA 貴賓室的招牌。

787 和其他客機最大的不同在於省油、噪音低、機艙內有保濕設備，提升乘客搭乘的舒適度。

### 優點三：餐點優質

許多人都對飛機餐感冒，但是 ANA 的飛機餐卻總是讓我期待不已。僅僅是經濟艙，餐點都不馬虎；商務艙的餐點更是有許多巧思。近幾年 ANA 和晶華酒店合作，推出了不少季節限定的特色餐點，例如中秋節搭配月餅、端午節在前菜中放上一顆小粽子等。

另外，ANA 的貴賓室也很舒適優質。搭乘商務艙或是星空聯盟金卡會員可進貴賓室，登機前，在寬敞舒適的環境休息。貴賓室的餐點也有一定的水準。

**優點四：國內線網絡廣，搭配國內轉機增加行程的豐富度**

ANA 擁有最豐富的日本國內線網路，妥善運用 ANA 的國內航線，可以讓行程更有效率，拉大遊走範圍，增加旅程的豐富度。

ANA 是全日本唯一一間被 SKYTRAX 評比為五星級的航空公司。（現在全世界也只有八間航空公司獲得五星級殊榮。）從櫃檯辦理登機手續到搭機的服務，服務人員的態度、貴賓室和機艙的設備、機內的飲食餐點，都盡力追求優良品質。雖然日籍航空總給人「高價」的印象，但若是碰上促銷，甚至會搜尋到比其他航空公司更便宜的價格。而且還能免費託運兩件各 23 公斤以內的行李，對於熱愛採購的旅客是一大福音，不失為一個新選項。

# TOMOKO 機票資訊小教室

### ☙ 機票艙等是什麼意思？

訂完機票時，要更改日期，打電話給航空公司或旅行社，有沒有聽過客服人員說一句話：「這個日期你原本的艙等沒位子了，要訂到另一個艙等，要多XXX元喔。」

你可能會覺得困惑。另一個艙等？我只要搭經濟艙，你要幫我換商務艙嗎？

機票的「艙等」有兩種，一種是 CABIN CLASS，也就是經濟艙、商務艙的差別；另一種是 BOOKING CLASS，同一個經濟艙裡面，還會依不同票價和規則，有不同的艙等。客服人員口中的「換到另一個艙等」，指的就是這個 BOOKING CLASS。

### ☙ 訂機票時英文姓名務必正確

自行上網訂機票，或者請旅行社代訂時，務必再三確認英文姓名正確，和護照上完全一致。除了拼音以外，也務必確認姓名沒有顛倒。「Last Name」是姓氏（有的會用 Family Name 或 Surname），「First Name」是名。這兩者國人常常分不清楚，到了機場才發現機票訂成姓名顛倒。

另外，護照上名字通常會有「—」，姓名間也會用逗號分隔，例如 CHEN,A-MING，但機票定位系統並不會顯示任何標點符號，僅會顯示「CHEN AMING」，雖然與護照的顯示有出入，但這並不影響機票的正確性。

訂購完機票時，務必確認英文姓名是否和護照完全一致，姓名有無顛倒，如果發現有誤，請立刻和航空公司或者代訂的旅行社聯繫，請求更改機票。更改手續依差異大小而異，有些情況甚至無法更改，必須退票重新訂購。

### ☙ 行李怎麼收？

打包行李時要留意，什麼東西不能隨身登機，什麼東西不能託運。參照以下兩個表格，往後打包行李可別再犯錯了！

## 常見不能隨身登機的物品

| 品項 | 備註 |
|---|---|
| 超過 100ml 的液體 | 要特別注意，「100ml 容量」指的是「容器」的容量，而非所含液體量。例，一罐 200ml 的乳液，用到剩下 50ml，可以攜帶上機嗎？答案是，不行。<br>另外，味噌、布丁、果凍、果醬常被忽略，其實這些也屬於液體，記得要託運，不能隨身登機。<br>隨身醫藥品或哺乳嬰兒用品不在此限。<br>要隨身登機的 100ml 以下液體物品要統一裝在透明袋子裡，全部加起來不得超過 1L。 |
| 刀類 | 水果刀、美工刀、剪刀、指甲剪等等。如果是鈍頭的小剪刀可以登機。 |
| 相機腳架 | 主要關鍵在於收起來後的長度，根據民航局公告，棍棒狀物品若要隨身登機，收納後應小於 25cm。 |
| 打火機 | 每人只能隨身攜帶一個（附註：大陸航線出境時隨身不得攜帶） |

## 常見不能託運的物品

| 品項 | 備註 |
|---|---|
| 備用鋰電池 | 手機備用電池、相機電池、手提電腦電池等。若是裝置在機器上，可以託運（請務必關閉電源）；若是單獨的鋰電池，千萬不可託運。 |
| 行動電源 | 同備用鋰電池，在衝撞下有爆炸的危險性，應隨身登機，不得託運。 |
| 噴霧類 | 化妝品類等可噴於自己身上的噴霧劑，每罐不超過 500ml 可託運。非噴於自己身體的室內芳香劑、殺蟲劑，或是瓶身有標註「注意火氣、高溫」等字樣者不可託運。 |
| 打火機 | 打火機、火柴等不得託運，每人僅能隨身攜帶一個打火機登機。（備註：從中國大陸出發的航班不得隨身攜帶打火機） |
| 花火 | 易燃、有爆破的危險性 |
| 煤油暖爐 | 易燃、有爆破的危險性 |

## ••• 飯店怎麼訂？

去日本旅遊，出發前策畫行程，選訂飯店、住宿是很重要的一環。Jalan.net 和 JAPANiCAN.com 都是非常著名、國人常常使用的日本訂房網站。可搜尋到的飯店多，資訊完整，透過中文版網站訂房，更加便利。

### Travelko 飯店比價網站

除了兩大知名訂房網站以外，有些人可能也會使用其他 Expedia,Agoda 等來自歐美的各大訂房網站。貨比三家，有時候可能會在不同的訂房網站上，搜尋到優惠的價格。但是，為了訂一間飯店，使用複數個訂房網站，會不會覺得太麻煩、耗費時間呢？在 Travelko 可以比較各大歐美及日本最熱門飯店預訂網站，一鍵搜尋你想要的最低價。

Travelko 網羅了 51 個訂房網站的資訊，包括 Jalan.net、Agoda、Hotels.com 等等，同一間飯店，哪個訂房網站預訂最優惠，一目了然。同時也會幫你搜尋出特定訂房網站提供的獨家優惠。

■ 此篇圖片皆由 Travelko 網站擷取

使用 Travelko 訂房的 3 大理由

從 51 個訂房網站中搜尋

...and more!

來自日本最大線上訂房網站的獨家優惠價

透過與日本最大種規模的線上訂房網站的獨家合作夥伴關係，我們提供日本飯店和旅館最優惠的價格。

全球超過 700,000 家飯店
日本超過 15,000 家飯店

超過 15,000 家日本飯店、700,000 家全球飯店，從旅館到豪華飯店應有盡有，您可以在這裡找到最好的住宿。

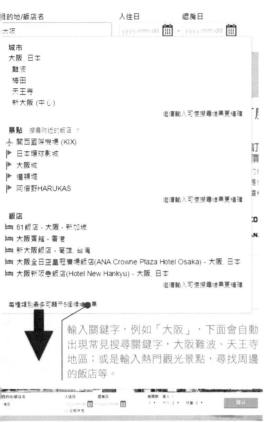

輸入目的地 / 飯店名等關鍵字與入住、退房日期，便可搜尋出有空房的飯店，並列出各間訂房網站的價格、方案。

Travelko 是全球旅遊比價網站，除了日本也可以搜尋世界各地的飯店、機票、當地遊最低價商品！

輸入關鍵字，例如「大阪」，下面會自動出現常見搜尋關鍵字，大阪難波、天王寺地區；或是輸入熱門觀光景點，尋找周邊的飯店等。

輸入目的地、入住日退房日、入住晚數、人數後，就會出現有空房的飯店，底下有不同網站提供的價格、方案。搜尋結果也可以變更依飯店人氣指數、等級、價格高低、評價呈現。

進入 Travelko 網站搜索最低價飯店！

Travelko 網址：http://www.travelko.com/locale/zh_TW/hotel

## ❖ WIFI 租借怎麼挑？

網路時代，出國旅遊，隨時隨地都能連線上網對觀光客來說，非常重要。去日本旅遊，要上網，有兩種選項：租借 WIFI 分享器，或是使用 3G 或 4G 的行動網卡。後者的優點在於插上網卡（SIM 卡）後，只要搭配的電信業者有訊號，隨時都可以上網，不需要連接任何熱點，也省去攜帶分享器的麻煩。

不過想使用行動網卡，務必事先確認自己的手機型號是否適用，雖然絕大多數的手機型號都適用，但偶爾還是會有例外。

除了行動網卡以外，WIFI 分享器也是一個選擇，尤其如果是可多人共享的機台，好友出遊，大家可以同用一台分享器，不用各別購買網卡。

WIFI 分享器、行動網卡，各有優缺點，可依自己的需求做選擇。

# 「iVideo」租借續航力佳、收訊良好的 WIFI 分享器

適用日本旅遊的 WIFI 分享器有很多家，TOMOKO 特別推薦「iVideo」給大家，因為如果你是多天數（例如五天以上），經濟實惠版的低速吃到飽上網分享器一天平均只要一百出頭，最高速頂級的 4G 大容量吃到飽分享器也只要二百出頭。這樣優惠的價格，真的很難找到。而且不只價格優惠，搭配的電信業也是以日本電信業巨頭 DOCOMO 或 AU 為主，即便到了鄉下收訊都很好。

TOMOKO 至東北和九州旅遊時，租借「日本 AU 電信（高速頂級版） 4G LTE 上網吃到飽」，此款為 iVideo 最熱門款，續航力跟收訊狀況都非常好。不論是上藏王山看樹冰、至田澤湖遊湖，或是在九十九島搭船環遊、至福岡系島市探訪祕境都有良好的訊號。就連到了電信訊號收發範圍有限的屋久島，除了行走山間小路以外，多半都收得到訊號。（甚至連航行在海上時一路上都有網路可以使用）

續航力也很棒，官方說法是 4G LTE 可連續使用 14 小時，最多可同時連線 10 台裝置。一個人旅遊，充飽電帶出門使用一整天，關機時大多都只消耗一至兩格電力。不論是一個人網路吃到飽，或是多人分享使用都合適。

大多時候我玩一整天回到飯店時，電池還是滿格的。

如果想要省錢且不求上網速度，不需要長時間使用網路，可以考慮「日本 NTT DOCOMO 電信（經濟實惠版）低速上網吃到飽」。租借五天最便宜只要五百多元，一天平均一百出頭，非常便宜。搭配電信業者是日本涵蓋率最廣的 DOCOMO，只是這款為低速款，搭車移動或是在地下室、高樓層時訊號表現略受影響。續航力也較弱，僅能連續使用 3 ～ 4 小時（另外會再附加一顆備用電池，替換使用可使用 6 ～ 8 小時）。較適合不需長時間使用網路，僅僅用於查詢資料、找路等基本需求，租借此款，可以省下不少費用。

7-11、OK、萊爾富門市皆可取還件，只要有機台，出發前一天上午 10 點前下單，隔天就可取貨。

## ♣ 交通怎麼安排？

交通安排也是自助遊時，行前準備功課很重要的一環。日本各地的 JR 鐵路都有出周遊券，3 天、5 天，區域內的 JR 鐵路搭到飽；除了地域性的以外，也有涵蓋全國的通票。有些人不知道怎麼安排交通，往往為了省事，直接購買周遊券，一張票用到底。周遊

### 精選 JR 周遊券 ————————————————————————————

| 周遊區域 | 天數 | 售價（日圓） | 備註 |
|---|---|---|---|
| 全國版 JR PASS | 7 | 29,110 | 區域橫跨全日本，適合跨區大範圍移動的旅行。新幹線 NOZOMI 和 MIZUHO 無法搭乘。無法在日本國內購買，需先於海外購買兌換券，持券至日本 JR 窗口兌換本票。 |
| | 14 | 46,390 | |
| | 21 | 59,350 | |
| JR 東日本（東北地區） | 5 | 20,000 | 發票日起 14 日內任選 5 天使用。 |
| JR 東日本（長野新潟地區） | 5 | 18,000 | 發票日起 14 日內任選 5 天使用。 |
| JR 北海道 PASS | 7 | 26,230 | 北海道線幹線不適用。 |
| JR 西日本（關西地區） | 4 | 6,500 | 可利用範圍包括大阪、京都、奈良、神戶、和歌山、姬路；不能使用新幹線。 |

券固然有其優惠之處，但有時候如果沒有大範圍的移動、沒有搭乘新幹線或較貴的特急列車，周遊券不見得比較便宜。

排出行程後，可以試著用各大乘換案內網站（註1）查詢車資，也同時研究轉乘資訊。藉此估算車資，便可知道購買周遊券是否較優惠（註2）。

| 周遊區域 | 天數 | 售價（日圓） | 備註 |
|---|---|---|---|
| JR 西日本（關西廣域） | 5 | 8,500 | 可利用範圍包括大阪、京都、奈良、神戶、岡山、姬路、高松；可使用新幹線。 |
| JR 關西 & 北陸 PASS | 7 | 16,000 | 可利用範圍包括大阪、京都、奈良、神戶、岡山、姬路、福井、金澤、富山；可搭乘山陽新幹線（新大阪⇔岡山）和北陸新幹線（金澤⇔上越妙高）的自由席。 |
| JR 九州（全區版） | 5 | 18,000 | 可搭乘福岡⇔鹿兒島新幹線。 |
| JR 北九州 | 5 | 10,000 | 可使用範圍為福岡、長崎、熊本、大分。 |

註1：日本有許多乘換案內網站和 APP，輸入起訖站即可查到車資、乘車時間、轉乘次數、班次號碼、班車出發時間等詳細資訊。連轉換月台等轉乘時間都會幫你計算出來，幫你搭配出最佳的轉乘方案，非常便利。但是輸入車站名時記得要使用日文，有些漢字的日文寫法和中文不太一樣，例如涉谷的日文是「渋谷」，若以中文輸入會無法查詢。

註2：以上周遊卷內容為 2016 年 7 月時的資訊，最新資訊請參照官方網站。

Chapter 1

春

百花爭艷、萬物復甦

# 春季旅遊的小錦囊

## ♣ 早晚溫差大，出門多備一件外套

台灣的春天，春暖花開，有時候天氣一熱起來，一件薄長袖可能都穿不住；日本的春天，早晚溫差大，出門一定要多備一件外套，以免早溫著涼。如果白天天氣晴朗，可能一件薄長袖就足夠，但涼的時候，還得加一件稍厚的外套才能禦寒。

3、4 月的北海道和東北都還算是冬天的氣候，禦寒裝備、保暖措施要做好。相對的，沖繩大約 3 月中旬開始就漸漸熱起來，最高溫達 20℃都有可能。關東、關西、九州等其餘地區 3 月氣溫還是稍冷，最低溫有可能 10℃以下，4 月開始漸漸回暖，氣溫 10 ～ 19℃度。

## ❖ 櫻花開花期每年隨氣溫變動，密切注意最新消息

在這個季節賞櫻花的遊客眾多，然而櫻花開花期隨著氣溫變動，每一年都只能藉由往年的數據，輔以當時的狀況推估，有時候碰上氣候劇烈變動也有可能預測失準。例如過往東京的櫻花都是4月初滿開，但2013年天氣一下子暖起來，櫻花紛紛綻放，月底就滿開，原先預定4月初去賞櫻花的人，落得去看滿地櫻花的慘痛下場。賞櫻就是這樣難以捉摸，常常令你感到「計畫趕不上變化」。

櫻花是從前一年長成花苞，秋天進入休眠，花苞在冬季長期低溫的狀態下會醒過來，稱為「休眠打破」。休眠打破過後，花苞開始生長，等到氣候變暖就會逐漸開花。

每年3月初日本各氣象協會、民營組織等會公布櫻花的開花預測，日本媒體稱之為「櫻前線」，遊客多半藉由這些資料規畫賞櫻行程，期間開花預測可能因為氣候變動而修正，隨著日期越接近預測日期也會越準確。

櫻花從開花到滿開大約4～7日，北海道的滿開速度最快約4日，北陸、東北地區為5日，其餘地區則是7日左右。而一般八成以上開花就會稱之為滿開，只要氣候穩定沒有遇上風雨搗亂，從滿開到花落大約有一週的時間。

※ 開花預測好用網站

WEATHER NEWS http://weathernews.jp/
日本氣象協會 http://www.tenki.jp/
日本氣象株式會社 http://n-kishou.com/corp/

## ❀ 櫻花花期跟我的行程計畫有落差，怎麼辦？

櫻花花期難預測，計畫常常趕不上變化，天氣一變花期突然提早或延後，原本訂好機票、排好的行程跟滿開期有了落差，該怎麼辦？

櫻花花開受氣候影響，即便同樣是東京都內，各地的櫻花可能也會有些微的差別。如果都心市區的櫻花提早開了，那麼不妨往山區、郊區走吧，這些地方都還有可能看到漂亮的櫻花。

如果是在櫻花期以外策畫旅行，也可以安排欣賞其他花種，早開的河津櫻，或是接著櫻花綻放的油菜花、鬱金香，以及在黃金週期間熱鬧盛開的紫藤花等等。不過，如非必要最好避開四月底至五月初的黃金週，這可是日本最大的假期，不想要面臨看到的人比看到的花還多的慘況，還是盡量錯開這段期間吧。

# 春暖花開，群花爭豔

春天，萬物甦醒，百花開始綻放。首先起跑的是日本的國花，櫻花。日本由北到南，全國各地都可以賞櫻花。沖繩的櫻花是山櫻花，和台灣的櫻花品種一樣，是鮮豔的桃紅色。日本本州地區則皆以「吉野櫻」為主，花色偏白及淡粉色，淡雅的顏色，百看不膩，是觀光客最愛到日本看的櫻花。

3月底至4月中旬，日本各地櫻花遍開；4月中下旬至5月初接棒的是紫藤花，以及杜鵑、粉蝶花、鬱金香、油菜花等。不論是櫻花或是其他花，一大片滿開的景致都非常壯觀。喜歡賞花的人，絕對適合在春天安排一場日本賞花之旅。

# 關東地區

## 東京都——賞櫻花最、最容易上手

東京交通方便，賞花景點密集，許多人初次賞櫻可能都會選擇這兒。也許東京沒有京都的古都風情，但是諸如圍繞著皇居的櫻花隧道、日劇「最完美的離婚」拍攝景點的目黑川等等，在櫻花點綴之下每一個角落都是令人屏息的美景。

想要賞日本櫻花，不妨先從攻略東京開始吧！

## 千鳥ケ淵、外濠公園──美到無法言語的江戶城內外濠

**＊千鳥ケ淵**

**熱門度**：☆☆☆☆☆

**推薦度**：☆☆☆☆☆

**交通**：東京METRO東西線‧半藏門線‧都營新宿線「九段
下」，或是東京METRO半藏門線「半藏門」步行約5
分鐘。

**建議停留時間**：1～1.5小時

**門票**：無料

**花期**：3月中下旬～4月上旬

千鳥淵是東京人氣最旺的賞櫻景點，親眼目睹過一次千鳥淵櫻
花滿開的壯麗之美，便會明白，長年來，它為何能穩坐第一名
寶座。

千鳥淵位於皇居西側，至今依舊留著江戶時代江戶城北丸區
域的風貌，這段護城河城牆壕溝曲折宛如千鳥展翅飛翔，因
而得名。

整條千鳥淵的櫻花步道大約 700 公尺長，圍繞著壕溝的小徑兩
旁種滿了櫻花樹，總計 260 株以上。

花開期間除了有櫻花祭典以外，每日到晚上 8 點為止亦可租船
穿梭在壕溝內，欣賞不同於岸上的風光。櫻花花開期間租船 30
分鐘 800 日圓。晚上會點燈，可以欣賞夜櫻。

**＊外濠公園**

**熱門度**：☆☆

**推薦度**：☆☆☆☆☆

**交通**：JR中央線、総武線「飯田橋」、「市ヶ谷」、「四ツ谷」步行約5分鐘。

**建議停留時間**：1小時

**門票**：無料

**花期**：3月中下旬～4月上旬

千鳥淵屬江戶城內護城河，外濠公園則是外護城河。沿著牛込濠、新見附濠、市谷濠，從JR飯田橋、市ヶ谷到四ツ谷，總長2公里的櫻花道。渠道兩岸的櫻花樹合計超過七百株，沿著河道漫長無盡的櫻並木，以及沿線來來往往的電車，再等到岸邊草叢的油菜花一開，就可以目睹櫻花、油菜花、鐵道，三合一的風景。

與千鳥淵相比，外濠公園的人氣降了許多，但少了擁擠的人潮，更能愜意地散步在櫻花隧道下，欣賞綿延的櫻花並木。

飯田橋車站附近有小船出租，30分鐘600日圓。2公里長的水道划起來並不輕鬆，不過小範圍地優游一下，親近一下櫻花的芳澤也不賴。

如果時間有限，沒有辦法慢慢遊走整條櫻花道，建議可以在「飯田橋」站下車，這一帶的櫻花比較密集，能拍到漂亮的風景照。

## 增上寺、芝公園──東京鐵塔與櫻花的邂逅

**熱門度**：☆

**推薦度**：☆☆☆☆

**交通**：東京都營地下鐵三田線「芝公園」步行
　　　　2分鐘、都營地下鐵淺草線‧大江戶線
　　　　「大門」步行5分鐘、JR「浜松町」步
　　　　行12分鐘。

**建議停留時間**：30分鐘～1小時

**門票**：無料

**花期**：3月中下旬～4月上旬

這不是個熱門的賞櫻景點，查詢日本各大櫻花名
所排行榜，你不見得會看到這兩個景點出現在榜
上，但是在這裡你可以看到櫻花與老東京地標
「東京鐵塔」的組合，拍下非常能代表東京的櫻
花風景照。

芝公園是以增上寺為中心的都立公園，於明治6
年（西元1873）年開園，是日本最的古老公園中
之一。公園境內有列為東京都指定史蹟的古墳，
古墳上有60餘株的櫻花樹，櫻花滿開時節從這
邊可以眺望園內的花海。

芝公園除了有吉野櫻以外，亦有山櫻與垂櫻。可
以捕捉到不同的風景。

## 播磨坂櫻並木──東京賞櫻穴場

熱門度：☆☆

推薦度：☆☆☆

交通：東京地下鐵丸ノ內線「茗荷谷」步行7
　　　分鐘。

建議停留時間：30分鐘～1小時。

門票：無料

花期：3月中下旬～4月上旬

位於文京區茗荷谷的播磨坂，這裡在江戶時代是
常陸府中藩播磨守的宅第，因此坡道取名為「播
磨坂」。昭和35年（西元1960年）推行植花運動，
在全長約500公尺的道路兩側種植了大約150株櫻
花樹，春季一到，櫻花綻放，將播磨坂點綴得非
常漂亮。

這裡也不是會擠進排行榜上的賞櫻景點，規模也不
大，但是沿著兩側道路滿開的櫻花搭起的粉紅隧道
很值得一看。如果不愛人擠人、夾雜在人群裡賞
花，不妨來走走文京區的播磨坂，稍稍遠離喧囂，
漫步在櫻花隧道下，感受一下春日的浪漫吧。

# 目黑川——在櫻花隧道下漫步

熱門度：☆☆☆☆☆

推薦度：☆☆☆☆

交通：東急東橫線・東京METRO日比谷線「中目黑」步行約2分鐘、JR「目黑」步行約5分鐘、東急田園都市線「池尻大橋」步行1分鐘

建議停留時間：1小時

門票：無料

花期：3月中下旬～4月上旬

目黑川由世田谷區一直到目黑區、品川區，最後再注入東京灣，全長 8 公里，櫻花步道是由池尻大橋至東急目黑線下的龜甲橋，總長 3.8 公里，共計 800 株以上的櫻花樹。

目黑川櫻花是繼千鳥淵之後，另一個人氣絕旺的賞櫻名所。

河道並不寬，因此當兩旁的櫻花盛開時，交相往河水上彎曲著，彷若搭起一座座櫻花橋，這是目黑川櫻花道最經典的景致。

目黑川沿線有一些咖啡廳，有時間也可以找間咖啡廳，稍作歇息一面欣賞櫻花花海。

這裡同時也是「最完美的離婚」（最高の離婚）的拍攝場景，男女主角的家就是在目黑川沿線，櫻花花開時期可能無法感受電視劇裡目黑川的從容寧靜，但還是可以趁機走訪一下男女主角生活過的社區。

🐾 錯過都心的開花期就來這三個地方吧！

櫻花花開時節難以捉摸，常常計畫趕不上變化，天氣一暖，
花苞一下子就綻放了。如果櫻花提早開，打亂了原本的行程，
不妨試試以下三個景點，它們的花開時節比東京都心的櫻花
稍晚一些，轉移陣地來這裡，也許可以看見滿開的櫻花群唷。

## 國營昭和記念公園──百花襯托櫻花之美

**熱門度**：☆☆

**推薦度**：☆☆☆☆☆

**交通**：昭和記念公園占地廣大，出入口很多個，各個出入口都有不同的交通路線。最單純的路線就屬JR「西立川」站，下車步行約3分鐘就會來到「西立川口」。

　　　　另外，靠近公園中央區域的「昭島口」最近的車站是JR「東中神」站，下車步行約10分鐘可抵達。

　　　　如果在JR「立川」站下車，步行10分鐘可以抵達「あけぼの口」，公園最東側的入口，從這邊入園可以一路走到公園最北側，將整個公園走遍，但是這裡離可以賞到櫻花的園區距離還非常遙遠，賞櫻季節不建議由這個入口進入。

**建議停留時間**：1.5～2小時以上

**門票**：410日圓（15歲以上）／中小學生80日圓／65歲以上210日圓／小學生以下無料

**花期**：3月下旬～4月上旬

國營昭和記念公園占地非常廣大，總面積165.3公頃，相當於40個東京巨蛋，為東京都最大的公園。從公園最東側的入口一直走到最北側的出口，一路都不停留也得走上1個小時。園區內有腳踏車出租，亦有小火車可搭（搭一次310日圓，一日券510日圓），除非你是打定主意要來昭和記念公園健行，否則長距離的移動偶爾還是善用園內的交通設施，節省一些體力跟時間吧。

溪流廣場至濕地一帶，花瓣飄落在溪流上，景致宛如畫作般美麗。

園內的櫻花樹大多集中在中央區塊（みんなの原
っぱ），整個公園內一共有 30 多個品種，1500
株櫻花樹。上百株的櫻花樹圍繞著寬廣的草原綻
放，景觀非常壯麗。

除了櫻花以外，園內也有種植多種花卉，包括鬱
金香、油菜花、紫花菜等花都是與櫻花同期綻放。
櫻花與油菜花的組合、櫻花搭配大片紫色花海，
以及鮮豔繽紛的鬱金香和粉嫩的櫻花，一次可以
欣賞到各種不同的景致，走一趟昭和記念公園，
不只讓你櫻花「看到膩」，櫻花在不同花群的襯
托下，更顯美麗。

## 福生多摩川堤防——不用人擠人的夢幻櫻並木

> 熱門度：☆☆
>
> 推薦度：☆☆☆☆
>
> 交通：JR青梅線「牛浜」站下車步行約15分鐘。
>
> 建議停留時間：1～2小時
>
> 門票：無料
>
> 花期：3月底～4月中旬

2014 年春天，東京都心的櫻花都凋落並長出葉子來時，為了讓媽媽一睹櫻花滿開的景致，我挖掘到了這個位於東京郊區，從昭和記念公園（JR 西立川站）搭 JR 青梅線，只需 12 分鐘即可抵達的賞櫻場景。

福生櫻並木沿著多摩川堤防，全長 2.5 公里。綿延的櫻花道，少了都心的喧囂，多了一分清靜之美。

從牛浜站步行到福生櫻花的主要會場「明神下公園」，路程 10 ～ 20 分鐘，沿途穿越住宅區，也許會有忍不住疑惑「真的有賞櫻景點嗎？」，往多摩川的方向走，10 多分鐘的路程會抵達來到明神下公園。在明神下公園，除了內圈的櫻花道以外，也務必要走到外圍河堤邊，沿著河堤從尾端走到起點，走整段櫻花道，悠閒地逛大約 1 至 1.5 小時，如果還有時間跟體力，可以沿路走回去，由原路回牛浜車站，也可以從櫻並木的起點走到「拜島」站，步行約 15 分鐘，省去走回頭路的麻煩。

### 新宿御苑——整個月都可以賞櫻

**熱門度**：☆☆☆☆

**推薦度**：☆☆☆☆

**交通**：JR‧京王‧小田急線「新宿」站南口步行10分鐘、東京
地下鐵丸の内線「新宿御苑前」步行5分鐘、東京地下鐵
副都心線、都營新宿線「新宿三丁目」步行5分鐘。

**建議停留時間**：1～1.5小時以上

**門票**：200日圓（15歲以上）／中小學生50日圓／幼兒無料

**花期**：3月中旬～4月上旬

東京都心內數一數二的賞櫻名所，占地 58 公頃，雖然位處東京心臟地帶，園區卻有著宛如遠離都心的廣闊。園內共有 1300 株櫻花樹，總計品種 60 種以上，早開的櫻花、晚開的櫻花，所以從櫻前線開始起跑幾乎有一個月的時間都可以在新宿御苑賞到櫻花。台灣人最喜歡的「吉野櫻」多達 400 株，晚開的「八重櫻」也有 500 株以上，儘管櫻花預報吉野櫻已經花落，依舊能賞到壯觀的八重櫻，還可以看到諸如「黃色櫻花」等特殊品種。

粉嫩的吉野櫻固然漂亮，但晚開的八重櫻才是新宿御苑的主角。而且雖然錯過吉野櫻的花期，卻也能藉此欣賞到花落滿地的櫻花地毯，以及最後一陣「櫻花雨」。因此，沒趕上吉野櫻滿開不要難過，在新宿御苑你有機會看到比吉野櫻花海更美的景致。

# 東京都春季特色祭典

1、明治神宮春之大祭

地點：明治神宮

開催時期：每年 4/29 ～ 5/3

特色：可以看到「舞樂」、「能‧狂言」、「三曲」、
「邦月邦舞」、「薩摩琵琶」等日本傳統藝能
的極致表演。

2、三社祭

地點：淺草神社

開催時期：5 月第三周的五六日。

特色：東京最大的神轎慶典活動。江戶三大祭典之一。

## 靜岡縣──靜岡茶、小丸子的故鄉

靜岡縣和山梨縣是兩個都以富士山為主打的縣，各自認為擁有
最美的富士山眺望景。靜岡縣靠海，而山梨縣處內陸，因此靜
岡縣的富士山特色在於與海相映。

靜岡縣是日本最有名、產量第一名的茶鄉，茶園面積和產量都
佔全國四成以上。茶，無疑是靜岡縣最佳伴手禮。

此外，靜岡縣靠海，漁產量也是全日本數一數二。尤其知名動
畫「小丸子」的舞台，清水，位處駿河灣，更是海鮮美食的知
名集散地。

## 河津櫻──全日本最早開的櫻花

> 熱門度：☆☆☆
>
> 推薦度：☆☆☆
>
> 交通：由東京出發，搭乘JR的スーパービュー踊り子號電車，車程約2.5小時，「河津」站下車後步行約3～5分鐘即可抵達河津櫻櫻花祭會場，河津川沿岸。
>
> 建議停留時間：1～1.5小時以上。若打算走完整段河堤，建議安排3小時。
>
> 門票：無料
>
> 花期與參觀時間：2月初至3月初，8:30～21:00

撇除沖繩的山櫻花不算，靜岡縣伊豆的河津櫻是全日本最早開的櫻花。河津櫻花期較長，吉野櫻滿開到花落最多撐一周，但河津櫻1月開始開花，大約2月中旬滿開，可以一路撐到3月，滿開期號稱有一個月之久。因為花期長，所以較容易抓觀賞期，較不會出現計畫趕不上變化的尷尬，比吉野櫻還要好安排行程。

河津川的中後段，在「豐泉橋」右轉進巷子，走到底是「河津櫻的原木」。昭和33年，住在這邊的女主人飯田勝美偶然發現這株櫻花樹，將它種在院子裡，後來經過調查才知道這是新品種的櫻花，因為是在河津發現的，所以昭和49年開

始，這個品種的櫻花就被稱為「河津櫻」。這株櫻花樹可說是河
津櫻的始祖。

而河津櫻的櫻花顏色較濃，和吉野櫻的粉嫩白皙不同，是鮮艷
有元氣的粉紅色。

河津櫻的步道總共有 1.3KM 長，沿著河津川滿開的櫻花，走到
河堤下，綿延無盡的櫻花並木非常壯觀。

新倉山淺間公園／提供：山梨縣富士吉田市

## 山梨縣——好山好水的富士之鄉

山梨縣是另一個以富士山為號召的縣。著名的富士五湖就是
位於山梨縣。山梨縣號稱全日本降雨量最低的一個縣，天氣
好的日子非常多，四季分明，春天賞花、夏天爬山健行、秋
天賞楓葉、冬天玩雪。另外，清淨的大自然也孕育出不少美
食，水果、蔬菜等都有豐厚的產量；山梨縣的水也是日本名
水之一，優質的水釀造出美味的啤酒和葡萄酒。

而山梨縣除了富士山、富士五湖以外，新倉山淺間公園也是
一個新興的觀光景點。櫻花季節可以從這裡欣賞到美麗的富
士山和櫻花。搭乘富士急行線，在「下吉田」站下車步行約
10 分鐘可抵達。

## 富士芝櫻——富士山下的彩虹地毯

熱門度：☆☆☆

推薦度：☆☆☆☆

交通：

1、高速巴士：從羽田機場或新宿車站可直達河口湖（車程約1小時40分～2小時）；從橫濱搭乘車程約2小時30分

2、電車：搭乘JR中央本線至「大月」站轉乘富士急行線至「河口湖」站（車程約1小時40分～2小時）抵達河口湖後，轉乘芝櫻祭典期間限定的接駁公車，車程30分。

　　或者可搭JR至富士宮站，轉乘芝櫻祭典期間限定的接駁公車，車程40分。

門票：600日圓（中學生以上）／3歲以上250日圓

花期與參觀時間：四月中旬至五月中下旬；8：00～17：00

富士芝櫻的最佳鑑賞期和紫藤花很接近，大約落在四月中下旬至五月上旬。位於富士五湖之一的「本栖湖」旁，開著80萬株以上的芝櫻，像地毯一樣鋪滿大地，背後由冠雪的富士山襯托著，景致非常壯麗。

芝櫻因為花型和櫻花相似而被取為這個名字，但其實它並非櫻花的一種，而是花蕊科的草本植物，依地而生。

富士芝櫻共有六種花，粉色、濃粉色、白色、淡紫色以及粉色花瓣鑲白色邊等，不同顏色的芝櫻，倚著富士山山麓，鋪出一片片大自然的美麗地毯。

# 栃木縣——在草莓之鄉遇見百歲級大紫藤

**美食多多的栃木縣** ─────────────

栃木縣，因為中文沒有這個字，所以有些觀光資料寫成「櫪木縣」。栃木縣最有名的觀光景點是日光，有著許多世界遺產，是關東的小京都；同時也是有名的溫泉勝地，鬼怒川、那須溫泉都是栃木縣知名的溫泉鄉。栃木縣的乳製品很出名，草莓產量全國第一。而栃木縣的中心城市「宇都宮」則是全日本最有名的餃子勝地，一出車站就可以看到一家接一家的餃子店，可說是美食多多的一個縣。

栃木縣有許多和草莓相關的產品，草莓餅乾、草莓果醬、草莓歐雷咖啡等等，甚至還有草莓咖哩，選擇栃木縣伴手禮，從草莓下手十之八九不會錯！

## 一生一定要看一次的百歲級大紫藤

**熱門度**：☆☆☆☆

**推薦度**：☆☆☆☆☆

**交通**：由東京出發搭乘一般電車約2小時，由上野搭新幹線至「小山」
站轉乘一般電車，車程約1小時，JR「富田」站下車。由車站
步行15分鐘可抵達あしかがフラワーパーク。

**建議停留時間**：1.5～2小時以上

**門票**：紫藤花開期間，票價依花況變動。900～1700日圓不等（小學
生以上）／小學生500～800日圓／4歲以下幼兒無料；夜間觀
賞票大人600～1400日圓，小學生以下300～700日圓。

**開園時間**：紫藤花開期間（4/23～5/15）7:00～21:00

**花期**：4月下旬至5月初

▌白藤隧道

▌八重紫藤

位於栃木縣足利市的あしかがフラワーパーク前身為農園，園內共有 4 株樹齡 130 以上的大藤，以及將近 100 公尺的白藤隧道，皆被列為栃木縣的天然紀念物。園區面積約為兩個東京巨蛋之大，除了 4 株大

藤和白藤隧道以外，還有紫藤圓頂、黃藤小隧道、很難栽種的八重藤、淡紅色品種的紫藤等等。另外也有杜鵑花、粉蝶花等百花綻放。

雖然光是園區的招牌大藤，那壯觀而華麗的景致，就足以讓人瞠目結舌，再加上其他花陪襯，更是令人看得目不轉睛，每個角落都驚嘆連連。

水戶黃門花火／提供：茨城縣観
光物産協

## 茨城縣——如夢似幻的粉蝶花海

位於關東地區、緊鄰著東北地區的茨城縣，距離東京約 2～3 小時的車程，雖和栃木縣的日光差不多距離，但遊客在安排行程時，卻鮮少列入考量。

其實茨城縣有與多「三大」，譬如三大名園之一的「偕樂園」和三大名滝之一的「袋田瀑布」。另外還有，榮登金氏世界紀錄的大銅像「牛久大佛」，以及土浦花火、水戶黃門花火也是全國數一數二的知名煙火節。

### 國營日立海濱公園的湛藍花海

**熱門度**：☆☆

**推薦度**：☆☆☆☆

**交通**：至JR「勝田」站下車，於東口2號站轉乘巴士在「海浜公園西口」下車，步行15～25分鐘。

**建議停留時間**：公園占地廣大，建議停留2.5～3小時以上。

**門票**：大人（15歲以上）410日圓／中小學生80日圓／65歲以上210日圓／6歲以下無料

**營業時間**：春季9:30～17:00（黃金周期間7:30開園）

**花期**：4月下旬～5月中下旬

▌粉蝶花海／提供：国営ひたち海浜公園

■ 粉蝶花海／提供：国営ひたち海浜公園

粉蝶花沒有櫻花、紫藤花如此廣為人知，但是和紫藤同一個時期開花，開滿遍野的粉藍色花朵，與湛藍的天空相襯，彷彿天與花海連成一線，看不出邊界，景緻非常夢幻。國營日立海濱公園的粉蝶花開在面海的山丘上，約 3.5 公頃大的草地上，開滿 450 萬朵的花，非常壯觀。最佳賞花期為四月中下旬至五月上旬。從公園西口站入場，步行約 15 ～ 20 分鐘可抵達開滿粉蝶花的「みはらしの丘」。

# 九州地區

位於日本本島西南方的九州，除去沖繩之後，是全日本最溫暖的地區。九州由七個縣組合，九州地區最大樞紐、都市重鎮的「福岡」、鎖國時期日本唯一對外開放貿易港口而有融合出異國風情的「長崎」、火之國度，有著日本三大名城之一熊本城與壯麗的阿蘇火山「熊本」、以有田燒瓷器著名的「佐賀」、擁有全日本最多溫泉資源的溫泉鄉「大分」、濃濃南國風情與神話故事圍繞的「宮崎」、孕育出西鄉隆盛等歷史偉人的「鹿兒島」。

九州，可能因為地緣關係，或者沒有一個太突出、太亮眼的招牌景點，導致很多人安排旅程時，常常會忽略它。要購物，會想到東京、大阪；要逛古城、寺廟，就安排京都、奈良；想探訪大自然，就來一趟北海道之旅。

也許九州你不會第一個想到，但是你能想到的，在九州都找得到。福岡可以購物血拼，長崎可以欣賞和洋融合的市景，熊本有大自然有歷史，大分可以泡溫泉。再加上九州並不大，從最北的福岡縣到最南的鹿兒島縣，新幹線一搭不出兩小時就抵達，用一個多禮拜足以周遊九州一圈，欣賞各縣風光。

櫻花季節，九州也是一個新選擇。日本本土的櫻花前線由九州開先鋒，不妨嘗試規畫一趟九州賞櫻之旅，捷足先登，搶先欣賞日本的櫻花美景吧。櫻花季節以外，也有紫藤、粉蝶花、鬱金香等可以欣賞。

▌大分溫泉鄉別府的地獄八湯

# 熊本縣──火之國

在中世紀，熊本縣和佐賀縣、長崎縣共稱為「肥國」，肥國日文念法為
ひのくに，ひ與火同音，再加上這些區域都有著豐厚的火山資源，因此
漸漸有人把肥國寫成「火の国」，久而久之，熊本縣就留下了火之國這
個名號。

## 吃在熊本

熊本代表性美食非馬肉莫屬。在熊本市區可以看到許多專賣馬肉的燒肉
店，也有「馬刺し」生馬肉料理。初次嘗試的人可能會有點害怕，不知
道馬肉嘗起來是什麼味道，馬肉口感接近牛肉，但是沒有牛肉那麼腥。
若是較不敢嘗試生馬肉，可以先從烤熟的馬肉燒肉下手。

## 熊本城──櫻花綻放下的日本三大名城之一

熱門度：☆☆☆☆

推薦度：☆☆☆☆☆

交通：熊本市電「熊本城　市役所前」下車步行3分鐘、「交通センタ
　　　ー」徒步5分鐘、「花畑町」徒步5分鐘。

建議停留時間：如果要細細逛，建議停留3小時以上。

門票：大人500日圓／中小學生200日圓

花期：3月下旬～4月上旬

熊本城堪稱熊本縣第一名的賞櫻名所。不僅僅是來到熊本縣必訪的景
點，熊本城還是日本三大名城之一。築於17世紀，已有400多年的歷史，
日本知名武將加藤清正以其多年來征戰的經驗，耗費七年時日，築起這
座日本全國數一數二的名城。據熊本城官方網站提供資料顯示，除了大
小天守閣以外，還有多達49個櫓（多半用作倉庫的小屋）、18道櫓門、
29道城門，整個城面積98公頃，等同於21個東京巨蛋之廣，整個城的
建造堪稱全日本第一。

1877 年西鄉隆盛發起西南事變，熊本遭受薩摩官軍攻擊，熊本城堅守了 50 日未被攻破，發揮了它「不落名城」的本事，但是在主攻擊開始前三天熊本城卻起了一場不明大火，燒毀了天守閣跟本丸御殿。現今所見的天守閣是在 1960 年重建復原的樣貌。

面積廣大的熊本城內約有 800 株以上的櫻花，日本名城配上日本國花，如此景緻堪稱最經典的櫻花景。再加上熊本城城郭石牆高度高，從櫻花花海中由上往下眺望熊本城，白色基底配上黑漆的屋簷在櫻花的襯托下，更顯名城風範。

而熊本城最大的看頭莫過於被稱為「武者返し」的石垣城郭，高高的石牆、曲折的彎度，乍看之下不難攀爬，但是若試著爬到後半會發現根本無法登頂，防禦性非常強，敵人武者入侵也會被遣返。櫻花季節，可以穿梭在這些石垣城郭間，欣賞花海。

寬廣的熊本城，如果細細逛的話，得用上一整個半天。行程比較緊湊的人，建議至少安排 2 至 3 小時，走走天守閣、本丸御殿，一邊欣賞熊本城四周滿開的櫻花。

註：受 2016 年 4 月熊本大地震的影響，熊本城城牆、石垣多處崩塌，修復需要一段時間。短期內為考量遊客的安全，熊本城天守閣暫時封閉，僅有外圍部分區域開放遊客參觀。

# 福岡縣——九州的都市重鎮

福岡縣是九州地區人口最多的縣,掌握
著九州經濟、產業、交通的都市重鎮。
九州地區的航路玄關在福岡市,鐵路的
樞紐則為博多車站。搭乘新幹線要從日
本本土前進九州其他縣市,必定要經過
博多。許多九州發跡的企業總公司也設
置在福岡。而博多與天神是福岡市區兩
大繁華市街,前者有沿著運河建蓋的大
型購物商場 CANAL CITY,後者則集結
了眾多百貨公司與商店街。來到九州旅
行,福岡是最佳的購物據點。

## 美食之都

夜幕低垂,市街上各個角落則可以看到
宛如台灣夜市的「屋台」,販賣著各種
小吃、平民美食。福岡被稱為美食之都,
明太子、雞肉火鍋(水炊き)、牛雜火
鍋(もつ鍋)以及博多拉麵都是日本全
國知名的美食。大家耳熟能詳的一風堂、
一蘭拉麵都是從福岡發跡的博多拉麵。

①
②
③

①「笑樂」的牛雜鍋

②一風堂的明太子飯

③一蘭的豚骨拉麵

## 西公園──日本櫻花百選之一

**熱門度**：☆☆☆

**推薦度**：☆☆☆

**交通**：市營地下鐵「大濠公園」站下車步行15分鐘。

**建議停留時間**：1小時

**門票**：無料

**花期**：3月下旬～4月上旬

西公園是福岡縣內唯一被評選為日本全國百大賞櫻名所的景點，公園內有多達1300株的櫻花樹，滿開期間非常壯觀。西公園位於丘陵地上，可以眺望福岡市區、博多港灣，天氣好時甚至可以遠眺志賀半島。

如果逛完西公園還有時間，也可以走回大濠公園地鐵站，前往附近的舞鶴公園欣賞櫻花與福岡城跡。

## 河內藤園——紫藤的彩虹隧道

**熱門度：**☆☆☆☆☆

**推薦度：**☆☆☆☆☆

**交通：**JR「八幡」站下車轉乘接駁巴士或計程車，車程30分鐘。

**建議停留時間：**1～1.5小時

**門票：**依花況分為500、1000、1500日圓，三種價格。高中生以下無料。

**營業時間：**8:00～18:00

**花期：**4月下旬～5月上旬

河內藤園，1000坪的大藤花棚和80公尺與200公尺長的藤花隧道為其最大看點。這兒原本只是一個當地人口耳相傳的祕密花園，近幾年因為網路社群的資訊擴散，再加上媒體報導，聲名遠播。CNN將它評選為日本最美的風景之一，海內外觀光客暴增，開花期間遊客絡繹不絕，甚至造成附近道路阻塞、

交通混亂。為了舒緩交通，2016 年起花期間與黃金周期間採預售票制，未事先購買指定入場時間的票券，不得入園。預售票在日本全國的全家、7-11、LAWSON 等便利商店皆可購買。

雖然交通不甚方便，但宛如彩虹一般的藤花隧道非常美麗，沒有親眼看過難以相信這是真實純在的花園景致；大藤花棚雖然沒有栃木縣的大藤來得壯觀，但是走在一片滿開的藤花下，依舊可以感受浪漫的氣氛。

# 長崎縣——中華與西洋文化融合的昔日貿易重鎮

長崎縣在近代史上扮演最重要的角色，莫過於日本鎖國時期唯一公認對外開放貿易的港口。鎖國時期除了有荷蘭人在長崎的出島進行貿易，與中國明朝和清朝亦有貿易往來，因此長崎縣留有不少荷蘭與中國文化。例如位於市區的荷蘭坂，這裡曾是外國人居留地，至今仍保留著許多洋館；長崎新地中華街則是和橫濱中華街齊名的日本三大中華街之一，在農曆過年期間舉辦的燈籠大會則是中華文化留存於長崎縣的最佳代表。長崎的代表性美食「ちゃんぽん」什錦炒麵，則是飲食文化日中融合的證明，亦反映了長崎縣作為國際貿易大港的歷史。

哥拉巴園（英國商人的宅邸／長崎市代表性的外國人居住地）。

## 豪斯登堡──宛如置身歐洲的鬱金香花田

**熱門度**：☆☆☆

**推薦度**：☆☆☆

**交通**：

1、從福岡出發：由博多搭乘豪斯登堡特急，車程約1小時45分；或者搭乘高速巴士車程2小時

2、從長崎出發：電車或巴士車程約1.5小時。

**建議停留時間**：因為是遊樂園，若想要慢慢逛、搭乘一些遊樂設施，建議至少安排半天或一整天。

**門票**：

1、純入場券（不含遊樂設施，可搭乘遊園車）：18歲以上4000日圓／國高中生3000日圓／4歲以上～小學生1700日圓

2、入場券＋部分設施（豪斯登堡宮殿、歌劇廳、遊園車、運河渡船）：18歲以上4500日圓／國高中生3500日圓／4歲以上～小學生2200日圓

3、入場券＋遊樂設施一日票（含遊園車、運河渡船）：18歲以上6500日圓／國高中生5500日圓／4歲以上～小學生4100日圓

**營業時間**：春季9:00～22:00

© ハウステンボス／ J-17268

© ハウステンボス／ J-17268

豪斯登堡位於長崎佐世保，是一個主題樂園，仿效荷蘭街道建造成歐洲城堡風，走進豪斯登堡，有種走在歐洲街道上的感覺。

豪斯登堡最著名的是風車區的鬱金香花田，每年 2 月上旬至 4 月中旬舉辦「鬱金香祭」，白天可以欣賞大片的鬱金香花海，晚上則可以欣賞燈

▍由 Domtoren 俯瞰豪斯登堡（© ハウステンボス／ J-17268）

海。除了鬱金香以外，園內也有櫻花和芝櫻（花期為三月下旬至四月），
玫瑰花祭（五月初至六月中旬）以及繡球花祭（六月初至七月初）。

豪斯登堡宮殿是豪斯登堡裡最具代表性的建築物，Domtoren 塔則是豪
斯登堡裡的地標，登頂後可以由此俯瞰園區。

▌ 檜內川堤櫻並木

▌ 冬天的角館又是和春天不同的風貌

# 東北地區

日本最北的北海道再下來就是東北地區，因為緯度高，冬季也有著不輸北海道的寒冬氣候。也因為冬季較長，氣候較寒冷，櫻花的花開期比關東、關西、中國四國和九州都來得晚，大約四月中旬開始開花，滿開期為四月下旬至五月初。

如果無法在一般的櫻花季請到假、搶到機票，不妨考慮時間稍微錯開的東北地區。

## 秋田縣——以米和天然美人著名

秋田縣以農業生產為主，尤其稻米的產量為日本全國數一數二。好山好水，孕育出好的

稻米，也釀出好的日本酒；不只農作物，畜產業也有幾個有名的品種來自秋田，例如比內地雞。

秋田除了產美食以外，也產美人。日文有個詞叫做「秋田美人」，皮膚白皙、天然不做作的美為特徵，和「京美人」、「博多美人」並列為日本三大美人。佐佐木希、壇蜜、加藤夏希都是秋田出身的日本女藝人。

## 角館花見──東北的小京都

> **熱門度**：☆☆☆
> **推薦度**：☆☆☆☆
> **交通**：JR「角館」站下車步行5～10分鐘。
> **建議停留時間**：1.5～2小時
> **門票**：若要入內參觀武家屋敷，有些要收門票，300～500日圓不等。
> **花期**：4月下旬～5月上旬

角館被稱為「小京都」，沿著玉川和檜內川的市町街道，保留著江戶時代的風貌。尤其櫻花開時特別有情調。

角館有六間武家屋敷（意指武士居住的宅邸）可以參觀，其中最著名的是「石黑家」，它同時也是年代最古老的一個。除了有超過250年的杉樹和垂櫻以外，也可以看到主屋、門、倉庫等都還保留著江戶時代的風貌。

角館街道旁的河堤也有著非常壯觀的櫻花道：檜內川堤櫻並木。近2公里長的櫻花道，沿著檜內川盛開，夜間還可以欣賞倒映在河川上的夜櫻。

# 福島縣──帶著悲傷歷史的會津

福島縣位於東北地區最南端，緊鄰著關東地區。福島縣面積廣大，僅次於北海道和岩手縣。拜氣候所賜，東北地區的農作物皆有一定的發展，福島縣也不例

▌會津若松站前的白虎隊士銅像

外，只可惜東日本大地震後，輻射污染的問題使福島產的農作物價值大落。

郡山是福島縣最熱鬧的市鎮，但若是喜歡探訪歷史，絕對不能錯過會津若松市。一直到江戶時代為止，這裡都是會津藩的中心。從戰國時代起，會津若松便在大名蘆名氏的領導下，發展成東北地區（當時稱為奧州）最大的都市。到了幕府時代，會津藩主松平容保更被任命為京都幕府的守護職，受天皇所重視；同時卻也招致長州藩等倒幕府派的怨恨，隨後發生明治新政府擊倒江戶幕府的戊辰戰爭，會津被重創，日本歷史上著名的「白虎隊」戰役也是在此時發生。

幕府時代末期，會津藩依年齡和戰力組成了玄武、朱雀、青龍、白虎四隊，其中白虎隊的成員年紀最輕，皆是 16、17 歲的少年。白虎隊原先只是預備兵，但戰事吃緊，原有軍力抵擋不住侵略者的攻擊，便讓還在習武的年輕少年們出戰。最後一部分的成員戰死，未戰死的那一部分撤退到飯盛山時，看到會津城深陷大火，以為大勢已去，便一一切腹自盡。切腹的少年中，後來只有一名被救活，寫下《白虎隊顛末略記》，紀錄白虎隊的始末，直到晚年才將自己親身經歷過的這段歷史述說給世人。

## 會津若松城

**熱門度**：☆☆

**推薦度**：☆☆☆☆

**交通**：JR「會津若松」站下車，轉乘觀光巴士，於「鶴城入口」下車，步行5分鐘即可抵達。

**建議停留時間**：1.5～2小時

**門票**：大人410日圓／小孩150日圓

**開城時間**：8:30～17:00

**花期**：4月下旬～5月上旬

會津若松城又名「鶴城」，雪白的石壁宛如一隻展翅的鶴。鶴城以「難攻不破」聞名，戊辰戰爭中，會津藩也深信這座城不會被輕易攻破而大意，在敵軍的猛攻下，撐了一個月以上才被攻陷。

櫻花花季期間，雪白的鶴城被粉色的櫻花樹點綴，增添了一份魅力。從天守閣往下俯瞰，除了可以一覽會津若松城鎮，也可以欣賞園內滿開的櫻花。

## 會津武家屋敷

**熱門度：**☆☆

**推薦度：**☆☆☆☆

**交通：**JR「會津若松」站轉乘觀光巴
士，「會津武家屋敷前」下車。

**建議停留時間：**1.5～2小時

**門票：**大人850日圓／中學生550日圓／
小學生450日圓

**開城時間：**（4月～11月）8:30～17:00

**花期：**4月中旬～4月下旬

武家屋敷封存了會津藩的歷史，可以欣賞
會津藩家老西鄉賴母的宅邸，以及其他武
士們住的陣屋、茶室、精米所等，既能接
觸會津歷史，又能體驗文化，是福島市的
重要文化財。

春天櫻花季，武家屋敷由裡到外都開滿了櫻
花，非常美麗。

## 日本三大櫻之一的三春滝櫻

　　熱門度：☆☆

　　推薦度：☆☆☆☆

　　交通：「三春」站自駕或搭計程車，車程20分鐘；櫻花季可於JR「三春」站轉乘臨時
　　　　　接駁巴士直抵會場。

　　建議停留時間：1小時

　　門票：大人300日圓／小孩無料

　　開放時間：全天開放

　　花期：4月中旬～4月下旬

三春滝櫻名列日本三大櫻之一。早在大正11年便被列為天然紀念物，樹高13公尺，
向兩旁伸展的枝葉最寬達20公尺，遠觀近看都非常壯觀。三春滝櫻是紅枝垂櫻，隨
著枝葉一條條垂下的櫻花宛如瀑布一般，故命名為「滝櫻」（滝的日文意思是瀑布）。
花開期間夜間會點燈，夜晚的三春滝櫻又是不一樣的風貌。

▌三春滝櫻夜間點燈／照片提供：東北觀光推進機構

# 青森縣──蘋果之鄉

青森縣為日本本州最北端的縣,隔著津輕海峽遙望北海道。東北各縣受惠於氣候,盛產蔬菜水果,青森縣是蘋果之鄉,蘋果產量為全國之冠。其他如櫻桃、大蒜也有豐厚的產量。再加上地緣優勢,海產也很豐盛,鮮美度不輸海鮮寶庫的北海道。

## 十和田官廳街道的夢幻櫻花道

**熱門度**:☆☆☆

**推薦度**:☆☆☆☆

**交通**:JR「七戶十和田」站轉乘公車,於「官廳街通」站下車,車程30分鐘。

**建議停留時間**:1小時

**門票**:無料

**開放時間**:全天開放

**花期**:4月下旬~5月上旬

這條位於十和田市的官廳街道(又名駒街道)是全日本百選街道之一,共1.1公里長的街道兩旁各別種了150餘株的櫻花樹和160餘株的松樹,花開期間,可欣賞松樹和櫻花交相映的特殊景致。

這裡可說是青森縣最熱門的賞櫻景點,同時也是網路票選東北地區十大賞櫻名所之一。

市役所頂樓的展望廳於花開期間開放給民眾,可從展望廳眺望綿延的櫻花道。晚間點燈的夜櫻又是另一種風貌。

## 弘前公園──被譽為全日本第一的夢幻櫻花海

**熱門度**:☆☆☆☆

**推薦度**:☆☆☆☆☆

**交通**:JR「弘前」站轉乘公車,於「市役所前公園入口」站下車,車程15分鐘。

**建議停留時間**:1.5~2小時

**門票**:公園本身無料,若要參觀天守閣則有門票。大人310日圓／小孩100日圓

**開放時間**:公園全天開放,花開期間天守閣開放時間為7:00~21:00

**花期**:4月下旬~5月上旬

青森縣最著名的櫻花景點非弘前公園莫屬，這裡的吉野櫻甚至號稱日本第一，因為這裡的櫻花據稱是全日本最年長的櫻花，一般吉野櫻的壽命只有 60～80 年，但弘前公園內的櫻花上百歲的櫻花多達300 多株。

弘前公園占地遼闊，面積 49 萬平方公尺，約 10 個東京巨蛋之大，境內櫻花樹多達2500 株以上，除了吉野櫻以外也有垂櫻、八重櫻等不同品種。花開期間夜晚會實施點燈，在夜空中閃耀的弘前城和櫻花相輝映，景緻十分夢幻。

▌上圖：十和田官廳街道／下圖：弘前公園
照片提供：東北觀光推進機構

# 青森美食

青森有著不輸北海道的鮮美海鮮,來到青森車站,不要錯過車站附近的魚市場(青森魚菜市場),觀光客必吃一碗「のっけ丼」。のっけ的意思是放上去,顧名思義,買好一碗白飯後,你可以在魚市場內挑選自己想吃的食材,一個個放上去,只要攤位有掛著「丼」的藍色旗子,就表示他們有提供のっけ丼的食材。食材新鮮甘甜,且價格便宜,划算又好玩。

除了海鮮丼以外,也可以嘗試青森的名物之一:「味噌咖哩牛奶拉麵」。味噌拉麵是由北海道傳過來的,為了推廣味噌拉麵在青森開了一家分店。一開始是一群國高中生鬧著玩,在拉麵裡亂加美乃滋、可樂、牛奶等,玩著玩著,不知道為什麼就有個傳言說,味噌拉麵加了牛奶跟咖裡會很好吃。結果後來店家就在客人的強烈要求與吹捧之下,推出了咖哩牛奶味噌拉麵(味噌カレー牛乳ラーメン)。聽起來是詭異的組合,口味花俏,又是味噌又是咖哩又是牛奶,乍聽可能會懷疑它的味道。但是,沒有親口吃過不要妄下評論!有些都市傳說不能不相信,味噌、咖哩、牛奶,還真的很合!

▌七種食材加一碗味噌湯,這樣只要 850 日圓

## 櫻花季限定的特殊祭典
## 真人版將棋

春季來到東北賞櫻花,若有機會走訪山形,除了著名的賞櫻景點霞城公園以外,天童的舞鶴山也不能錯過。舞鶴山上的天童公園有2000多株櫻花樹,四月中旬至四月下旬為滿開時節,滿山的櫻花非常壯觀。滿開期間的周末還會舉辦「人間將棋祭」,由真人扮演將棋角色,穿上甲冑和傳統和服,來一場真人版的將棋對戰。

▎照片提供:山形縣廳

※ 霞城公園:由 JR「山形」站徒步 15 分鐘

※ 天童公園:由 JR「天童」站徒步 15 ～ 20 分鐘,或者搭乘花開期間限定的接駁車

※ 天童人間將棋祭:於四月最後一個周末或倒數第二個周末舉行,2016 年於 4 月 23、24 日舉行

Chapter 1 春 | 83

# 其他日本春季祭典

1、日本三大華麗慶典之一的「高山祭」

所在地區：岐阜縣

開催時間：每年 4 月 14、15 日

特色：日本三大美祭之一，上千人的巡遊隊伍以及
華麗的轎子（日文稱為山車或屋台），出演
者也身著傳統服裝。絢麗豪華的場面堪稱日
本之最。

2、葵祭

開催時間：5/15。

特色：京都三大祭典之一。巡遊人群身穿鮮艷的古
代服裝、化著古式妝容，穿梭在京都的主要
街道。葵祭重現了古代貴族和官員們向朝廷、
天皇贈送供品的場面，讓人彷彿做了時光機
器回到平安時代。

写真提供：KYOTOdesign

## 3、女兒節（雛まつり）

日本各地

開催時間：3/3

特色：女兒節本是日本傳統「五節句」之一。五節句是一年當中五個季節轉換的節日，在這氣候劇烈轉變的日子中，為了祈求平安度過，日本有一些特別的風俗習慣，女兒節就是其中之一。

最早的習俗是將用草葉做成的人偶放到河川上，讓它順流而下，期許病痛與厄運也可以一同被帶走。江戶時代開始逐漸發展成人偶娃娃，取代了用草葉或紙做的娃娃。女兒節期間，在日本各地都可以看到擺設豪華的「雛人形」。

## 東京 賞櫻之旅五日精華版

**DAY 1** 增上寺、芝公園→（徒步 10 分）東京鐵塔夜景

**DAY 2** （地下鐵丸之內線茗荷谷站）播磨 →（地下鐵南北線飯田橋站）外濠公園→（從飯田橋站沿線散步至四ッ谷站）→（地下鐵半藏門線半藏門站）千鳥淵

可在千鳥淵賞夜櫻

**DAY 3** 昭和記念公園→（乘坐 JR 青梅線近 20 分鐘，至牛浜或拝島站）福生櫻並木

**DAY 4** 新宿御苑→（地下鐵或東急線中目黑站）目黑川

這天可依個人喜好、腳程，追加安排其他景點

**DAY 5** 返台日

返台前，不要跑太遠的景點，也可以把握最後時間血拚。

## 關東 春日賞花五日遊

**DAY 1** <紫藤> 東京龜戶天神社→東京市區觀光

**DAY 2** <紫藤> 木縣足利花園一日遊

東京市區至足利花園車程約 2 小時

**DAY 3** <粉蝶花> 茨城縣國營日立海濱公園一日遊

東京市區至海濱公園車程約 1.5 ～ 2 小時

**DAY 4** <芝櫻> 富士河口湖一日遊

新宿至河口湖搭乘巴士約 2 小時

**DAY 5** 返台日

返台前，不要跑太遠的景點，也可以把握最後時間血拚。

行程適用期間：3 月底～ 4 月初

行程適用期間：4 月底～ 5 月初
每日景點皆可從東京當日來回，為省去拉行李的煩惱，皆可以東京為據點。

春 · 天 · 推 · 薦 · 行 · 程

## 九州

### 賞櫻五日遊

**DAY 1** 福岡西公園、舞鶴公園、福岡城跡
→福岡市區觀光

**DAY 2** 福岡→長崎→長崎市區觀光（出島、
哥拉巴園）

福岡至長崎車程約 2 小時

**DAY 3** 長崎→豪斯登堡一日遊

長崎市區至豪斯登堡約 1.5 小時

**DAY 4** 長崎→熊本→熊本城、水前寺成
趣園

長崎至熊本車程約 2.5 ～ 3 小時

**DAY 5** 熊本→福岡→返台日

行程適用期間：3 月底～ 4 月初

## 東北

### 櫻花與歷史巡禮五日遊

**DAY 1** 東京→福島會津若松→會津若松城

東京至會津若松車程約 3 小時

**DAY 2** 會津武家屋敷→三春滝櫻→山形
（霞城公園）

會津若松至三春車程約 1.5 小
時；三春至山形近 2 小時

**DAY 3** 山形→天童公園（人間將棋祭）
→秋田角館

山形至秋田角館約 3 小時

**DAY 4** 秋田→青森→弘前公園、十和田
官廳街道

秋田至青森車程約 3.5 小時

弘前公園和十和田官廳街道皆可
欣賞夜櫻

**DAY 5** 青森→東京→返台

青森至東京車程約 3.5 小時

行程適用期間：4 月中下旬～ 5 月上旬

Chapter 2

夏。

親 近 大 自 然 、 上 山 下 海 ！

# 夏季旅遊的小錦囊

與台灣相比，日本雖然位處較高緯度，但夏日除了北海道和山區以外，各地仍舊炎熱，尤其都市地區如東京、大阪，酷暑程度更是與台灣不相上下。因此穿著遵照在台灣的樣子即可，若是至北海道或山區等較不炎熱且有日夜溫差的地方，則要加件薄外套。

夏季同時也是梅雨季，除了北海道以外，全日本都會有長時間的降雨。位處南端的沖繩梅雨季最早，5 月中上旬便入梅，直到 6 月中下旬；東北地區最晚，6 月中旬入梅，梅雨季一直持續到 7 月底；其餘地區則為 6 月上旬至 7 月下旬。梅雨季長達一個半月至兩個月，若是在梅雨季節造訪日本，務必隨身攜帶雨具。值得一提的是，沖繩的梅雨較特殊，不像其他地區梅雨都是整日陰雨，沖繩梅雨季的天候變化較劇烈，有可能上午大晴天、下午下大雨，也有可能上午還在下雨，下午就放晴了，幾乎不會下一整天的雨。另外，梅雨季的後半段雖然通常雨量比較大，陰雨之間放晴的日子也較多。因此若安排在梅雨季遊沖繩也不要太灰心，也許陰雨之間還是碰得到晴天；當然，天候變化大，也意味著不要輕易被出門時的大太陽欺騙，而疏忽了準備雨具。

除了梅雨以外，夏季也是颱風旺盛的季節。在這個季節旅遊，出發前與旅途中都務必密切注意颱風動態，留意隨著颱風的影響，航班是否有停飛、延遲，陸海交通是否正常。

另外，夏日是祭典的季節，在這段時間訪日，有機會參與到日本的祭典，有興趣的人可以事先查詢祭典時間、地點，感受一下夏日獨有的熱鬧氣息。許多祭典夜間還會施放煙火，挑個好地點，欣賞夜晚的燈火秀吧。

# 夏天就是要親近大自然！山與海特輯

夏季氣候佳，是個適合戶外活動、親近大自然的季節。

喜愛下海玩水的人，可以到日本的夏威夷「沖繩」度假；偏好走訪山林，健行、親近大自然的話，北海道有著許多大自然原始風貌值得探索，九州、四國中國、關西也有登錄為世界遺產的自然森林，以及不輸北海道的大山大水。

# 沖繩

沖繩位於日本最南端，是全日本唯一一個沒有與本島連接的都道府縣，也是全日本唯一一個沒有鐵路運行的地方，僅有環繞市區的單軌電車。因此對觀光客來說，遊沖繩若不會開車自駕，交通非常不便利。

有些人以為沖繩只是日本南方的一個小島，開車繞一圈一下就走完，實際去到沖繩才發現，原來這裡比想像中還要大！沖繩本島約為五個台北市這麼大，其他還有上百個離島，若把無人島都算進去，沖繩境內有多達 160 小島。沖繩的離島可分為靠近本島

▋首里城的入口

的本島離島區、以宮古島為主島的宮古地區，以及以石垣島為主島、最靠近台灣的八重山地區；其中與那國島位於最西方，與台灣最接近，天氣好的時候可以與花蓮外海互望，且據說在某個山頭上甚至還能接收到台灣電信業者的訊號！

也許因著地緣鄰近的關係，近幾年來前往沖繩旅遊的國人越來越多，從十年前只有一間航空公司直飛，到現在加上廉價航空，共有五間航空公司營運。

而沖繩不只地理位置靠近台灣，在歷史文化上也與中華文化大有淵源。14～19世紀間，沖繩叫做「琉球」，當時它並不屬於日本，是一個獨立的王國，那一段歷

史被稱作「琉球王朝」。琉球王朝時期，中國（當時的明朝、清朝）是琉球王國的最大貿易國，常常派使節向中國進貢，也常常接待來自中國的朝臣。因此會在沖繩看到相當濃厚的中華文化，首里城那朱紅色、宛如中國廟宇的樣貌，便是最佳例證。此外，沖繩許多傳統藝術，例如琉球舞蹈也是源自琉球王朝。

琉球王朝結束於十九世紀，合併於日本底下的一個縣。但合併沒幾十年，1945年二次世界大戰，日本戰敗，美軍占領了沖繩，直到1972年才又歸回日本。因此沖繩是個混合著中華、美國、日本文化的綜合體。

## 沖繩的美食

沖繩的飲食中有可見中華與美國文化的影響，沖繩そば類似台灣的陽春麵，是個和日本本島截然不同吃法的蕎麥麵。若說來到沖繩有什麼非吃不可的料理，首推「ゴーヤチャンプル」，苦瓜炒蛋。沖繩苦瓜和蛋、豆腐、蔬菜、火腿一起炒，這是沖繩最具代表性的家常菜。另外，口感清脆的「海葡萄」也是沖繩的特產。

如果不介意花點錢享用美食，可以嘗試沖繩的夢幻豬肉「阿古豬」，或是沖繩土產的黑毛和牛「石垣牛」。

至於甜點，首推紫芋（日文為紅芋べにいも）類產品，如紫芋塔便是沖繩最有人氣的伴手禮。

## 沖繩本島篇──夏天就是要去海邊
· · · · ·

對觀光客而言,來到沖繩,最大的看點就是海;若是想到日本玩水,非沖繩莫屬。不論是沖繩本島或離島,都可以欣賞到美麗的海灘。閱覽日本各家旅遊網站,全日本海灘排行榜上,沖繩往往佔據了6、7成以上。透明度高、白色的沙灘配上湛藍的海水,那如夢似幻的景色,親眼見識過一次便會明白它的魅力。

### 御菓子御殿恩納店:隱藏版的無人海灘 ─────────

地址:恩納村字瀨良垣100
交通:由那霸市出發,途經收費自動車道,需時1小時。

位於本島中北部的恩納是沖繩最熱門的海岸線,開著車兜風,沿線皆可欣賞到美麗的海岸線;且渡假飯店林立,不少遊客會選擇至少在恩納住上一晚。各家濱海飯店都會有私營的海灘,海岸沿線也有數個公共海灘,即便不在濱海飯店住上一晚,也能享受美麗的海景。

如果只是想欣賞美麗的海,私房推薦一個隱藏版的無人海灘:御菓子御殿恩納店。御菓子御殿是沖繩知名的伴手禮,專賣紫芋類產品。御菓子御殿恩納店除了可以買伴手禮,後方還坐擁一片美麗清靜的海灘。但是這裡不是海水浴場,不能下水玩,只能欣賞海景喔。

PHOTO BY IAN

### 伊計島：開車就可以抵達的離島 ——

地址：沖縄県うるま市与那城伊計405
交通：由那霸市區開車前往約1.5小時

沖繩本島有許多開車便可前往的離島，伊計島就是其中之一。行駛海中道路，穿過平安座島、宮城島就會抵達伊計島。這同時也是個適合開車兜風的路線。伊計島海水透明度高，有許多水上活動可體驗。

PHOTO BY IAN

PHOTO BY IAN

PHOTO BY IAN

### 古宇利島:沖繩本島最美的神之島 ——————

地址:沖縄県国頭郡今帰仁村古宇利
交通:由那霸市區開車前往約1.5小時

古宇利島位於沖繩北部。號稱是全沖繩本島區最美的海。也
因為這裡是沖繩神話的起源之地,而被稱為「神之島」。小
島北邊的海灘還可以看到被海水沖蝕成心型的石頭,是個適
合戀人一起前往的小小祕境。

## 沖繩離島篇──夏天就是要去海邊
· · · · ·

### 渡嘉敷島：全世界數一數二的海水透明度 ─────────

如何前往：由那霸港「とまりん」乘船，一般輪船航程1小時，高速船35分鐘。

島內交通：自駕或是請承辦水上活動的店家接送

走訪過數個離島，渡嘉敷島是我最推薦的。距離本島近，當天來回都不成問題，且海水透明度絕佳，有著本島海灘完全比不上的天然美景。

島上的移動租車自駕最方便，若有在島上過夜，許多民宿也會提供海灘接送服務；或者可預約水上活動，請店家接送（額外收費）。島上雖有公車，但班次少，較不便利。渡嘉敷島的海水透明度全世界數一數二，可見度達水深 50 ～ 60 公尺處，出海浮潛可以欣賞到非常多的魚群。

我在渡嘉敷島浮潛時親眼看見的魚群。
PHOTO BY Geoff Peret

## 石垣島：遊走小島的主要據點 —————————

如何前往：由那霸機場搭乘飛機，航程1小時。
島內交通：自駕或是利用路線巴士

石垣島和宮古島並列沖繩兩大離島，其中石垣島附近又有
許多小島，若有時間，以石垣島為據點，可以坐船前往竹
富島、小濱島、西表島、波照間島等各有特色的離島。

石垣島本身最著名的景點就屬「川平灣」。位於西北部的
川平灣，從市區開車前往約需 40 分鐘，這兒不只是石垣島
的經典景色，也是許多人介紹沖繩時會使用的代表性景點。
翡翠綠的水色，搭配白色的沙灘與透明度高的海水，每一
個畫面都像是風景明信片般。

## 宮古島：東洋第一的夢幻海灘 ─────────────

如何前往：由那霸機場搭乘飛機，航程50分鐘。
島內交通：自駕或是利用路線巴士

宮古島的與那霸前浜ビーチ非常有名，白色的沙灘配上藍藍的海，透明度極高的海水，是個能讓人忘卻煩惱的夢幻海灘。此景號稱東洋第一。

位於宮古島最東端的東平安名岬雖然不是海水浴場，但是這個海岸線非常壯觀，是日本百選之一。長2公里的細長海岬，從海岬一直望向最遠端的燈塔，陡峭而狹長的斷崖與海岸線交會出壯麗的景致。

有機會去宮古島，絕對不能錯過與那霸前浜ビーチ和東平安名岬。

# 沖繩祭典

十月的那霸祭（那霸大綱挽ま
つり），是號稱沖繩全年最盛
大的一個祭典。但除了那霸祭
以外，夏天還有另一個非常值
得一看的祭典：沖繩太鼓祭·
エイサー祭。

沖繩各地在夏天都會舉辦太鼓
祭，多半集中在八月，交通最
為方便的也許是每年八月第一
個禮拜日在國際通舉辦的萬
人エイサー，不同團體輪番上陣，在國際通街道上打著太
鼓，觀眾可以近距離的欣賞、感受太鼓的魅力。

另外，每年八月底於沖繩中部コザ運動公園舉辦的全島エ
イサー也非常壯觀。國際通的エイサー是在一旁近距離觀
賞小團體的小型表演，全島エイサー則是於寬廣的足球場
上進行。場地大、太鼓陣仗也浩大，傳達出來的力量以及
感動也加乘好幾倍。太鼓表演結束後最後還會施放煙火。

全島エイサー小檔案

所在地區：沖繩県沖繩市諸見里2丁目1-1
開催時間：每年八月下旬的周末
交通：由那霸市區開車前往約1～1.5小時

# 九州

## 鹿兒島縣——有歷史有大自然

鹿兒島位處九州南端,是個有豐厚歷史文化也有雄偉大自然的地方。幕末、為新時代,鹿兒島孕育出許多在日本歷史上扮演重要角色的偉人,例如西鄉隆盛、大久保利通等。江戶時代,鹿兒島一帶被稱為薩摩,薩摩藩是當時最大勢力之一。在鹿兒島市區觀光,可以走訪仙巖園,這是薩摩藩藩主的別墅,可以欣賞造景美麗別緻的日式庭園,還可以由此眺望櫻島火山。

鹿兒島也有不少特產,燒酒、薩摩番薯、黑豬肉等。鹿兒島的燒酒是全日本生產量第一,用薩摩蕃薯釀造的芋燒酒為其特色。番薯生產量也是日本第一,紫紅色外皮、金黃色的內餡,口感綿密而香甜。鹿兒島有許多蕃薯類的伴手禮,番薯塔、番薯蛋糕、番薯餅乾等等,都是送禮的好選擇。

### 鹿兒島必吃黑豬肉食

來到鹿兒島,一定要嘗一下黑豬肉。鹿兒島的黑豬肉肉質有彈性,味甜美,肉質號稱可媲美B級的牛肉。黑豬肉的主流吃法為涮涮鍋或是炸豬排,前者較難品嘗到肉最原始的美味。

鹿兒島市區許多餐廳都有提供黑豬肉料理,吾愛人、華蓮、六白亭為日本人推薦的三大黑豬肉料理店。華蓮位於天文館附近,是日本農協直營的餐廳,除了涮涮鍋以外,還可以嘗試蒸籠式料理與壽喜燒;吾愛人在鹿兒島市區有許多分店,是從昭和時代就開始經營的老字號;六白亭則位於鹿兒島中央車站附近,交通便利。

鹿児島黒豚　六白亭

地址：鹿児島県鹿児島市西田 2-12-34

交通：鹿兒島中央站，西口，徒步 6 分鐘

營業時間：11:30 ～ 22:30

每人平均價位：2000 ～ 3000 日圓


華蓮

地址：鹿児島県鹿児島島市山之口町 3-12

交通：高見馬場站徒步 3 分鐘

營業時間：（午）11:30 ～ 14:00；（晚）
17:30 ～ 23:00（周日與國定假日營業至
22:00）

每人平均價位：午餐 2000 ～ 3000 日圓；
晚餐 6000 ～ 7000 日圓

黑豬肉涮涮鍋名店之一，六白亭

黑豬肉名店之二，華蓮

吃完黑豬肉，就準備
來屋久島爬山囉！

## ◎登山注意事項

喜愛大自然的人，一定會愛上屋久島，也許在這邊待個三四天都嫌不夠。屋久島有許多山可以爬，許多路線可以走，最著名的白谷雲水峽和繩文杉路線，路段都整理得非常完善，且沿途標誌清楚，只要做足功課以及充分的準備、完整的登山裝備，不需要嚮導也可以自己結伴入山（但如果沒有登山經驗，建議至少要找一位有經驗者帶路）。如果是初心者，沒有信心獨自登山，且會日文的話，也可以嘗試尋找嚮導。島內有許多由專業嚮導帶隊出發的登山團，繩文杉路線一人約12,000日圓、白谷雲水峽路線約6000～8000日圓，有些甚至有免費接送服務。

若要自行登山，建議抵達屋久島時至觀光協會領取一份登山小手冊。上面記載了屋久島的登山禮儀與規矩、注意事項、緊急聯絡電話、主要路線的避難所等重要資訊。

## ◎摘錄屋久島登山注意事項

1. 登山不留垃圾：垃圾不可任意丟棄於山中，應自行帶下山丟棄。

2. 愛護動植物：屋久島有許多原生動植物，為維持其生態，切勿採取或損害動植物。並不任意餵食野生動物。

3. 登山者優先：登山道上登山者優先，下山者應禮讓上山者。若遇後方有行動較快的團體，也應禮讓，維持路線順暢。

4. 如廁務必在指定場所：為維護環境整潔，如廁務必在洗手間或是可攜式廁所使用處（携帯トイレブース），千萬不可任意在山林裡大小便。

## ◎登山裝備一覽表

| 物品 | 必須性 | 備註 |
|------|--------|------|
| 登山鞋 | ★★★ | 一雙好走、防滑防水的登山鞋是非常重要的。中高筒的登山鞋更佳，可有效保護腳踝，避免扭傷。登山健行，球鞋和運動鞋不足以保護你。 |
| 後背包 | ★★★ | 登山需要手腳並用，使用後背包可以讓兩手空出來；腰部有背帶的背包更佳，能分擔肩膀承受的重量。 |
| 後背包防水套 | ★★★ | 屋久島多雨潮濕，號稱一個月中有35天會下雨，背包外務必再加上防水套，才能保護背包內外不浸水。 |
| 登山杖 | ★★ | 登山杖可有效緩衝下山時膝蓋承受的壓力。 |
| 雨衣 | ★★★ | 山裡氣候變化大，山下晴天山上亦可能下雨，健走多雨的屋久島，不論何時都該準備雨衣雨具。且雨衣必須選用兩件式—雨衣雨褲各一件。 |
| 摺疊傘 | ★★ | 雨大的時候，雨衣也難以抵擋雨勢，這時候雨傘就會派上用場。另外，若相機不防水，雨天拍照時摺疊傘也可以發揮功用。 |
| 帽子 | ★★ | 可同時遮陽和遮雨。 |

| 物品 | 必須性 | 備註 |
|---|---|---|
| 水/水瓶 | ★★★ | 長時間的運動務必要適度補充水分，島內登山路線沿途多半都有泉水補給處，建議至少準備600ml的水一份，中途可隨時補充。 |
| 乾糧 | ★ | 長時間的健行需要乾糧充飢。 |
| 糖果 | ★ | 糖果、巧克力等可適時補充熱量、避免血糖過低。 |
| 便當 | ★★ | 長時間的健行如繩文杉路線需要攜帶午餐便當。宮之浦和安房地區皆有便當店，早晨3、4點就開始營業，大部分的民宿亦可代訂便當。 |
| 手套 | ★★ | 登山時戴工作手套，攀抓岩石樹枝時可保護手，避免被扎傷、刮傷。 |
| 毛巾 | ★★ | 登山健行必定會大量流汗，尤其夏天更是需要毛巾適度擦拭汗水。 |
| 更換衣物 | ★ | 容易流汗的人可以考慮準備一套更換衣物。通常上山時會流很多汗，若天氣較陰涼，下山時容易受寒。 |
| 垃圾袋 | ★★ | 爬山途中產生的垃圾務必自行攜帶下山。 |

| 物品 | 必須性 | 備註 |
|---|---|---|
| 可攜式廁所 | ★★★ | 每組人員至少備用一份，以免沒有正規廁所又有需要時使用。 |

| 物品 | 必須性 | 備註 |
|---|---|---|
| 常用藥 | ★ | 可依個人需要準備常用藥。易暈車的人可備暈車藥，前往荒川登山口和白谷雲水峽皆是走迂迴的山路。 |

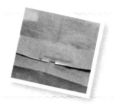

| 物品 | 必須性 | 備註 |
|---|---|---|
| 救急藥品 | ★ | OK蹦、藥水等。 |
| 防曬用品 | ★ | 防曬乳、太陽眼鏡等，夏天時日照強烈時特別需要。 |
| 手電筒 | ★★ | 夏季除非要在山裡住一晚，否則並不需要。但春秋天黑時間長，會在太陽尚未露臉前登山，需要仰賴手電筒照路。可以掛在頭上的手電筒最佳。 |
| 防水袋（夾鏈袋） | ★★ | 屋久島多雨、溼氣重，儘管你的背包是防水或是有加上防水套，也建議包包裡面的東西要再套上防水袋，以免不慎浸水。尤其是怕潮濕的電子產品更是需要。 |

註：必須性一欄 ★★★＝必備；★★＝建議攜帶；★＝個人斟酌準備

## 屋久島：世界遺產級的神祕森林

熱門度：☆☆

推薦度：☆☆☆☆☆

交通：

1、飛機直達：鹿兒島有2～4班往返屋久島航程35分。福岡和大阪每日各有一
　　班往返屋久島。航程分別為55分和1.5小時。

2、新幹線＋船：其餘地區出發，可搭乘新幹線至鹿兒島，再換搭高速船至屋久
　　島。由鹿兒島至屋久島高速船所需時間約2～3小時。

屋久島位於鹿兒島南方海上，為一五角圓錐型小島。面積約等同於東京23區，
繞島一周需時3～4小時。全島九成以上都是森林，標高1000公尺以上的山超過
40座。

屋久島是日本最早被列為世界遺產的地方之一，包括繩文杉一帶的森林以及西
側的公路西部林道，全島有兩成以上的區域被列為世界自然遺產。

有一說法為，屋久島上猴子有兩萬隻、鹿兩萬頭，人口也是兩萬。這是一個人與自然、野生動物和平共存的島嶼。

屋久島位處亞熱帶地區，但高山眾多，生物呈現垂直分布，從亞熱帶到亞寒帶的植物皆可在屋久島觀測到，據稱全日本看得到的植物在屋久島都可以找到。屋久島雖氣候多雨潮濕、強風多，林間杉樹卻茁壯生長，一般杉樹不容易長到1000年以上，但屋久島上卻有許多樹齡超過1000的杉樹，這些1000年以上的杉樹被統稱為「屋久杉」，未滿1000年的則稱作小杉。

宮之浦和安房是屋久島兩大集散中心，旅人們幾乎都會選擇在這兩地落腳。前者是全島最熱鬧的地區，商店、飯店民宿都比後者多，且接近著名觀光景點白谷雲水峽，是許多遊客的住宿首選。安房地區雖沒有宮之浦熱鬧，但也有不少民宿和餐廳、商店，距離繩文杉登山路線的入口荒川登山口非常近，部分以繩文杉登山為主的旅人會選擇住在這兒。

## ◎路線一：環島一周

宮之浦＼安房→千尋瀑布→大川瀑布→西部林道→
永田海濱→宮之浦＼安房

所需時間：4小時

抵達屋久島的首日或是離開屋久島之前，若是有一個半天，適合開車環島一周，盡覽
屋久島全島多樣的自然風貌。不開車自駕也沒有關係，可以包計程車（較貴，4小時
約2萬多日幣），或者報名觀光巴士（由まつばんだ交通運行，一人4000日幣）。

### 千尋瀑布

巨大的花崗岩之中，深V字形的山谷間，從60公尺的高度流下一條瀑布。這是屋久島
知名瀑布之一，千尋瀑布。一尋是屋久島昔日慣用的衡量單位，大約是一位成人張開
雙臂的寬度，這片巨大的花崗岩約有千尋之寬，因此被命名為「千尋瀑布」。

## 大川瀑布

大川瀑布的高度差為88公尺，其規模是屋久島最大。直落而下的瀑布，在眼前轟隆作響，非常壯觀。現場感受到的震撼，難以用文字及圖像傳達，實際走訪一趟，親身感受它的壯麗吧。

## 西部林道

這是一段長12公里的公路，沿著屋久島西部海岸線連接著栗生與永田。西部林道是全世界唯一一條被列為世界自然遺產的公路，這段路道從以前便沒有人群居住、沒有聚落，因而一直保留著最原始自然的風貌。天氣好時，會在這條西部林道看到野生的猴子和鹿。林道狹窄，大型車無法進入，遊覽車和公車都不能行駛，因此想要馳騁西部林道，只能租轎車自駕，或是搭乘觀光小巴。

## 永田海濱

永田海濱是日本第一的海龜產卵地，5～7月的夜間，在嚮導的帶領下可以觀賞綠蠵龜和赤蠵龜產卵。

## ◎路線二：「繩文杉」登山拜見君王之路

路線總長：22KM
所需時間：10～12小時
難度：高

繩文杉堪稱屋久島的象徵，所有來到屋久島的旅人，如果有足夠的時間與體力，應該都會想要爬到繩文杉朝聖一番。但這是一條來回共22公里的路，需要走上一整天，凌晨3、4點出發，5點搭上第一班公車由屋久杉自然館出發前往荒川登山口，然後走11公里至繩文杉，一路從標高600公尺處攀升到1300公尺處，再走原

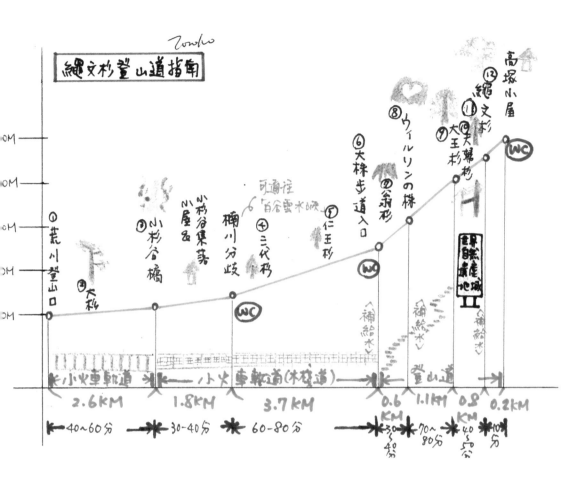

①荒川登山口
②大杉
③小杉谷集落小屋跡
④小杉谷橋
可通往白谷雲水峽
⑤桶川分歧
④三代杉
⑤仁王杉
⑥大株步道入口
翁杉
⑧ウィルソンの株
⑨大王杉
⑩夫婦杉
⑪繩文杉
⑫高塚小屋

小火車軌道
小火車軌道(木棧道)
登山道

2.6KM
1.8KM
3.7KM
0.6KM
1.1KM
0.8KM
0.2KM

40~60分
30-40分
60-80分
30~40分
70~80分
40~60分
10分

〈補給水〉〈補給水〉最終廁所禁止露營〈補給水〉

路下山。一般登山客來回繩文杉需要10小時左右。漫長的路、持續一整天的行走、攀爬，對體力跟耐力都有很大的要求。因此，繩文杉雖然是許多人來到屋久島想朝聖的景點，卻不是人人都能達成。

這條單趟11公里的路當中，有七八成都是平坦略帶坡度的鐵軌路，只有最後一段2.5公里長的山路。但是對多數旅人而言，這長達8公里的鐵軌路，才是這條路線最大的考驗。鐵軌路的前半段是未鋪步道的鐵軌道，行走訣竅是盡量踩在每一條鐵軌木枕上，因為若踏在鐵軌之間，會增加大

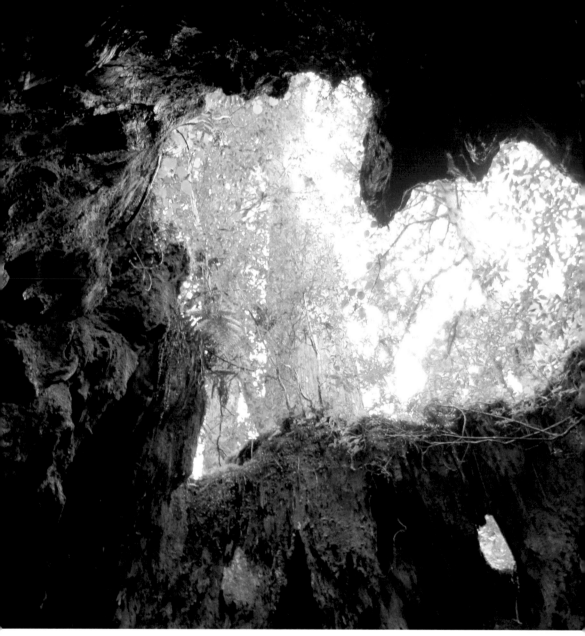

腿的上下幅度動作，徒增勞累。因此這段路雖平坦、單純，卻必須耗費一點精神練習穩當地踩在每一條鐵軌上。

後半段的鐵軌路鋪有木棧道，相對好走，但總長5.5公里，若不適時欣賞四周風景，排解心情，悶著頭一直走的話，很快就會疲憊厭倦。

木棧道的盡頭連接著大株步道入口，從這邊開始是登山道，而且一開頭就是非常陡的路段，開始行走前請做好心理準備。從大株步道入口攀爬30分鐘後，即會來到「ウィ

ルソンの株」，這是棵於400年前被砍伐的杉樹，中心已經空洞化，兩旁又長出新的二代杉。大正時代時一位美國植物學者威爾森來到屋久島研究屋久杉，將這株樹介紹給世人，因此以他的名字命名。走進ウィルソンの株樹洞內，由某個角度往上仰望可以看見樹洞呈現心型，這可愛的景色，近年來吸引了不少觀光客前往探訪。

整條路線除了終點的繩文杉以外，也會看到不少屋久杉。從荒川登山口出發，走沒多久就會看到「大杉」，這是旅人們在這條路線上第一個看見的屋久杉。要抵達大株步道入口前，會看到仁王杉；進入大株步道後，依序會看到翁杉、大王杉、夫婦杉、子寶杉。子寶杉則是這段登山道中唯一一個可以觸碰屋久杉的地方。粗壯的樹幹上有著一

在雨中登山，爬了四個多小時終於看到繩文杉！鏡頭都被雨滴模糊了，但君王的威風姿態還是被收進了這張照片裡。

塊很像人臉的樹瘤，看起來很像一個嬰兒，因而被稱作子寶杉。夫婦或情侶一起看夫婦杉，可以祈求幸福圓滿；子寶杉則有求子之意。

走過大王杉之後，正式進入世界自然遺產區域，再爬個30～40分鐘，便會來到繩文杉。樹高25.3公尺，樹圍16.4公尺，推測樹齡眾說紛紜，最早的推測認為有7200歲，繩文時代便已存在，因此命名為「繩文杉」。後來有眾多說法，推翻7000歲的推測，認為杉樹不可能長到7000歲，繩文杉應當是主幹被另一株杉樹包覆，兩者加起來便誤測為有7000年，實則應當只有3000年。但不管是哪一種推測，都無法改變繩文杉威風凜凜、宛若君王的姿態。

聽說屋久島還沒被列為世界自然遺產、沒有觀光客踏入這塊森林的時候，繩文杉是可以親手觸碰的。可能曾經有人張開雙臂擁抱他，傾聽他的呼吸聲，感受他互久的生命力。

可惜近幾年來，專家指出繩文杉可能有傾倒的危險，因此觀望繩文杉的木道平台越設越遠，遊客也離君王越來越遠。我們只能站在平台上，隔著一段距離，瞻仰他君王。但他的碩大與雄偉，千年來不曾改變。也許我們觸不到他、聽不到他的呼吸，但他佇立在深山中的威嚴依舊。

# 繩文杉紀行

註：照片的編號對應繩文杉登山道指南上標記（P.115）的各景點號碼。

## 01.
22 公里長的登山之旅，START！

## 02.
第一棵屋久杉出現了！

## 03.
小杉谷橋

## 07.
翁杉：這是株倒木，在未傾倒前推測樹齡有 2000 年以上，樹寬 12.6 公尺，是島上繼繩文杉之後第二寬的杉樹，於 2010 年傾倒。

## 08.
ウィルソンの株：也是一株倒木。走進去別有洞天！

## 09.
大王杉：樹齡 3000 年以上，樹高 24.7 公尺，有著不輸繩文杉的王者風範。

**04.**

三代杉：第一代的倒木上長出了第二代的樹，第二代的伐木上又再長出第三代。

**05.**

仁王杉：樹高22.8公尺，氣勢不輸繩文杉。

**06.**

大株步道入口：從這兒起要開始登山了！

**10.**

夫婦杉：兩株交纏的屋久杉，宛如手牽手的夫婦。

**11.**

子寶杉：像人臉的樹瘤。

**12.**

繩文杉，GOAL！

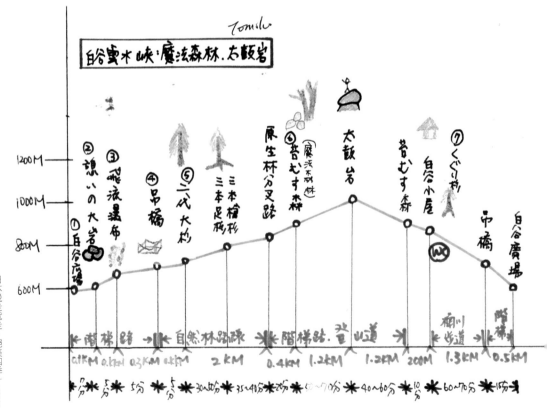

◎路線三：「白谷雲水峽」魔法森林

> 路線總長：6～8KM
> 所需時間：4～6小時
> 難度：中

繩文杉可能是所有旅人都想走訪的路，但心有餘而力不足，不是人人都能達成；白谷雲水峽相對難度較低，且景觀可看度也高，再加上是宮崎駿魔法公主中的魔法森林雛形，在在增加了它的人氣，幾乎成了所有觀光客來到屋久島必走的路線。

從入口前往魔法森林苔むす森，單趟路程2～3公里，與繩文杉的11公里相比，小巫見大巫。但是從入口一開始就是接連的階梯與登山路，路程雖短，但走起來不比繩文杉輕鬆。同樣需要完善的登山裝備。

若有時間和體力，過了魔法森林，可考慮繼續往上走至太鼓岩。從太鼓岩俯瞰屋久島的景致非常壯麗。但這段路是十足的登山道，務必做好登山準備。

單單來回魔法森林的話，大約需要3～5小時不等，有來回楠川步道的簡易路線，也有單程走楠川步道、單程走原始森林的完整版路線，可依個人體況與時間安排。

# 白谷雲水峽紀行

註：照片的編號對應白谷雲水峽指南（P.122）標記的各景點號碼。

## 01.

白谷廣場：魔法森林之旅，出發！一開始就是一段階梯。

## 04.

吊橋

## 05.

二代大杉：樹高 32 公尺，比繩文杉還要高，氣勢也很驚人。

## 06.

苔むす森：被青苔覆蓋的魔法森林。

## 02.

憩いの大岩：不要懷疑，要攀過岩石往上走。一邊攀岩一邊站在大岩石上來張豪氣的照片吧。

## 03.

飛流瀑布

## 07.

くぐり杉：樹根翻出地面上往四方長，形成山洞一樣的空洞。

白谷雲水峽境內四處
可見漂亮的青苔。

## 宮崎縣──南國度假風情

宮崎縣位於九州東南部，整年日照時間居日本全國之冠，充足的日照、暖和的氣候，讓宮崎縣有濃厚的南國風情。1960～1970年代，掀起一股宮崎縣蜜月熱潮，在日本國內就可以享受南國度假的氛圍，宮崎縣成了許多新人蜜月的首選。

### 宮崎必吃宮崎牛

來到宮崎縣絕對不能錯過宮崎牛。宮崎牛雖非日本三大和牛之列，但已經在日本和牛評選大會上二連霸，奪下第一名的寶座。這號稱日本第一的宮崎牛，肉質鮮嫩，入口即化。若有機會來到宮崎，絕對值得一嘗。「みやちく」是非常著名的宮崎牛料理店，本店稍稍遠離市中心，無法靠大眾運輸抵達；若非自駕，可考慮至其旗下分店「APAS」，從宮崎車站步行15至20分鐘可抵達。

宮崎縣位於九州東南部，整年日照時間居日本全國之冠，充足的日照、暖和的氣候，讓宮崎縣有濃厚的南國風情。1960 ～ 1970 年代，掀起一股宮崎縣蜜月熱潮，在日本國內就可以享受南國度假的氛圍，宮崎縣成了許多新人蜜月的首選。

宮崎牛焼肉レストランアパス

地址：宮崎県宮崎市橘通西 3-10-36 地下 1F

營業時間：午餐 11:30 ～ 14:30；晚餐 17:00 ～ 22:00

每人平均價位：午餐 1000 日圓；晚餐 4000 ～ 6000 日圓

宮崎牛みやちく

地址：宮崎県宮崎市新別府町前浜 1401-255

營業時間：午餐 11:00 ～ 15:00；晚餐 17:00 ～ 22:00

每人平均價位：午餐 2000 ～ 3000 日圓；晚餐 8000 ～ 9000 日圓

附註：東京、大阪、博多亦有分店。

# 高千穗峽——日本百大瀑布人間仙境

**熱門度：**☆☆☆

**推薦度：**☆☆☆☆

**交通：**

1、巴士直達：若從九州各地出發，福岡縣博多車站、熊本縣熊本車站、宮崎縣延岡車站皆有巴士直達高千穗。車程分別為3.5、3、1.5小時。博多往返高千穗的巴士需要事先預約。

2、飛機＋巴士：從九州以外的地方出發，可搭乘飛機至熊本機場或福岡機場，皆有巴士直達高千穗。

**建議停留時間：**至少一個半天

高千穗是日本神話源起之地。記載了日本神話、創世紀故事的「古事記」、「日本書紀」、「風土紀」等都可見與高千穗相關的神話。其中最著名的是「天孫降臨」，相傳為了平定地上的亂世，天神差遣了天照大神的孫子至凡間。而其降臨之地便是高千穗。

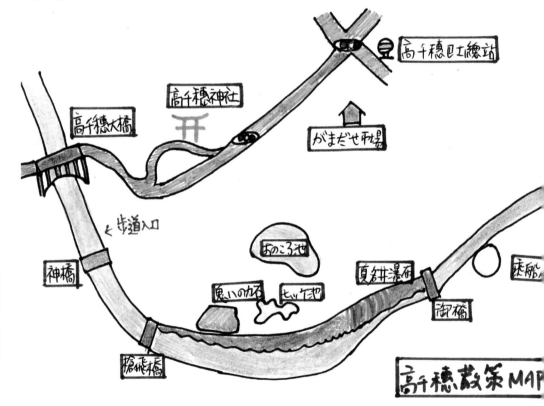

高千穗峽谷是火山活動造成的地貌，是由阿蘇火山噴發的碎流，沿著河川呈現帶狀流動，在急度冷卻下，凝結成現在我們所見的柱狀節理。高千穗峽谷的遊步道總長1公里，繞一圈約需40分鐘，從步道入口一直到盡頭，沿途除了欣賞柱狀節理的峽谷，還有終點還有宛如天上仙境般的真名井瀑布。

從步道入口開始，步行約10分鐘，回頭一望可見高千穗三代橋。走過槍飛橋後，會在河岸上看到一顆巨大得嚇人的石頭。這是「鬼八的力石」，傳說這顆石頭是高千穗神社的祭神之一「三毛入野命」，為了驅散鬼八而拋下的石頭，姑且不論傳說真偽，

這顆石頭約有 200 公噸重，沒有非凡的力氣絕不可能搬運這顆大石頭。

過了巨石後會看到由七個石穴連成的小池子，「七ッヶ池」。池水顏色漂亮，景觀特殊；再往裡面走就會看到真名井瀑布。真名井瀑布被選為日本百大瀑布之一，娟秀的瀑布在峽谷之間川流而下，這景色讓人有種步入仙境之感。除了從峽谷步道欣賞瀑布以外，划船遊峽谷、近距離欣賞瀑布也是非常熱門的活動。三十分鐘 2000 日圓，情侶或朋友同遊，若有時間，不妨划個小船，由下往上仰望瀑布，不同角度，又是不同風景。

# 中國、四國

中國和四國因為稍嫌偏遠，在觀光發展上不如其他地區來得蓬勃，再加上這些地區幾乎沒有班機直飛台灣，交通不便，更是大大影響了國人遊中國、四國的意願。近幾年來日本旅遊急速發展，漸漸有旅人將腳步延伸至中國與四國地區。

四國由香川、德島、愛媛、高知四個縣所組成，每個縣各有特色。香川縣小豆島是日本橄欖栽種的發祥地，其又以烏龍麵著名，偶被暱稱為「烏龍縣」；德島以阿波舞著稱，

▋ 出雲大社的巨型注連繩非常壯觀

不只是四國四大祭之一，更是日本三大盆
舞之一；愛媛縣最著名的莫過於古老的道
後溫泉，宮崎駿動畫愛好者間相傳其為神
隱少女油屋的雛形，吸引不少觀光客前往
（道後溫泉本館因為老舊，將於 2017 年 10
月部分閉館整修，工期可能長達 5 ～ 7 年）。

中國地區又分山陰和山陽地區，山陰地區
指的是日本海側的鳥取、島根，山陽地區
則是位於內側圍繞著瀨戶內海的岡山、廣
島、山口。

鳥取是許多著名漫畫家的故鄉，包括名偵
探柯南的作者青山剛昌、鬼太郎的作者水
木茂；島根縣的出雲大社則是日本神社中

數一數二的神社，地位崇高；岡山縣的倉敷地區有日本小威尼斯之稱，是個可以充分感受下町風情的浪漫小鎮；廣島則有著日本三景之一的宮島，立在海上的嚴島神社，一年四季、早晨晚上看都是不同感覺；山口則可欣賞日本三大奇橋之一的錦帶橋。

# 高知縣──坂本龍馬的故鄉

高知縣的古名為土佐，幕末時代孕育出一位流傳歷史的名人──坂本龍馬。坂本龍馬在明治維新扮演了非常重要的角色，因此在高知縣各地可以發現許多與坂本龍馬相關的蹤跡。

高知縣雖環海，但全縣面積將近九成都是山地。西部則是有許多河川，包括號稱日本最後一條清流的四萬十，另外還有仁淀川、安田川等都是源自山地的清流。

## 高知美食

高知最著名的美食為「かつおのたたき」，香煎鰹魚。高知縣的鰹魚水產量雖非全國之冠，但鮮度絕佳，香煎一下、撒上鹽巴就很好吃。

## 四萬十──日本最後一條清流

**熱門度：**☆☆☆

**推薦度：**☆☆☆☆☆

**交通：**

1、從高知市區出發：由JR高知站搭乘特急列車至「中村」站，車程約1小時45分

2、從其他地區出發：由東京、大阪、名古屋、福岡搭乘飛機至高知機場，轉乘巴士至高知市區，再換特急列車。

**建議停留時間：**從中村站出發，較靠近四萬十的下游，由此出發可騎腳踏車走訪下游的一小部分，依個人體力安排2～3小時的單車形成；或者也可由JR「江川崎」站出發，由上游一路遊玩到下游，全程約40公里，約4～5小時。

說起日本的自然景觀，首推北海道；直到我走訪了高知四萬十川，才知道原來在日本其他地方也有不輸北海道的大山大水大自然。

四萬十川號稱日本最後一條清流，全長近 200 公里，整條河川上包括支流，共有 47 座沉下橋。沉下橋架設的位置較低，道路兩旁沒有欄杆，河川上漲時會蓋住整座橋，而因為構造簡單，有著不怕河水沖刷的特性，即便被沖刷興建修復的成本也很低。但也因為橋兩側沒有欄杆、道路狹窄，外來者等較不熟悉的人行走時容易發生事故，因此

近年來日本各地許多沉下橋都被拆毀重建成更安全的橋，四萬十川還保留著
非常多沉下橋，也成了另一種特色文化景觀。遊歷四萬十，走訪每一座沉下
橋也成了最重要的觀光行程之一。

若是從江川崎站出發，可以一路從上游騎到下游，在觀光協會租借的腳踏車
可以甲租乙還，不用走回頭路，在中村站附近的觀光協會還即可。不過這段
路雖說是從上游往下游，卻不是一整段都是下坡路，也有數段上坡路。

下游第一座沉下橋，佐田沉下橋

▎過了岩間沉下橋後，可以看到壯觀的河川 U 型大轉彎。此圖為合併兩張照片後製而成。

若是從中村站出發，可以依個人體力決定最遠要走到哪裡，最輕易的行程是騎到佐田沉下橋，單程約 30 分鐘即可抵達；再往下騎 20 ～ 30 分鐘會抵達另一個沉下橋，三里沉下橋。這兩個沉下橋周邊都有屋形船可以搭，不妨安排一點時間，乘船遊四萬十川。從河上看到的山水更加遼闊。從中村站往返三里沉下橋，再加上搭乘屋形船，大約需要 5 小時。所需時間和從江川崎站出發相差不遠，只是若從中村站出發，在車站前的腳踏車店可以租借到電動腳踏車，騎起來會較省力。

如果遊歷玩四萬十川還有時間，也可以騎至「安並水車」，由車站出發大約 10 ～ 20 分鐘可抵達。這裡也是日劇「遲開的向日葵」的拍攝景點之一。

# 四萬十美食

四萬十不只有最後一條清流，還有號稱夢幻逸品的「天然鰻魚」。我們一般吃的鰻魚都是養殖的，天然鰻魚僅占了 3%。天然鰻魚要在絕佳的環境、良好的水質下才能養成。這樣的稀有性，讓它成為了日本人口中的夢幻逸品。

養殖鰻魚油脂較多、口感較油嫩滑順，天然鰻魚則較有嚼勁、油脂較少。因此喜歡肥嫩口感的人，可能會覺得養殖鰻魚較好吃。但若想嚐嚐不一樣的口感，來到四萬十，不妨吃吃珍貴的夢幻逸品，天然鰻魚吧。

四萬十川天然鰻魚量少稀有，許多店家都採事先預約制，但順著下游河口一直騎，河川邊距離中村站約 4 公里之處有一間不須預約，隨時來幾乎都能吃到夢幻逸品的餐廳——「四万十屋」。標榜跟當地的漁師直接進貨，因此可以確保較大的量，盡量讓客人無須預約也吃得到稀有的天然鰻魚。雖然每日販賣狀況不同，還是有可能碰上售罄，但和其他餐廳相比，較容易吃到天然鰻魚，且價格也不會太昂貴。

四万十屋
地址：高知縣四萬十市山路 2494-1
營業時間：10:00 ～ 16:00
每人平均價位：3000 日圓

# 鳥取縣

鳥取縣最有名的景點為「鳥取沙丘」，沿著日本海岸，長約16公里，是日本最大規模的沙丘。瀕臨海岸的沙漠，非常特殊的景觀。

除了沙丘以外，鳥取縣第二著名的恐怕是「柯南」。漫畫名偵探柯南的作者青山剛昌出身於鳥取縣，北榮町的青山剛昌館是許許多多漫畫迷來到這兒必要朝聖的地點。

鳥取縣的特產是二十世紀梨，特色是甜中帶酸，在物產中心可以看到許多用二十世紀梨製作的伴手禮。此外，鳥取縣濱臨日本海，海產豐富，松葉蟹、花枝、岩牡蠣等都是名產。

## 浦富海岸──山陰的松島

**熱門度：**☆

**推薦度：**☆☆☆☆

**交通：**從JR鳥取站或岩美站皆可搭乘巴士前往遊覽船乘船處；若想要沿著海岸健行，可在「網代」站下車，行走「自然探勝路」。

**建議停留時間：**自然探勝路單趟至少1.5～2小時。

搭乘遊覽船是從海上欣賞浦富海岸的奇岩怪石，走自然探勝路則是從山側俯瞰海岸，由陸地欣賞海上的景致。浦富海岸被讚譽為山陰的松島，從網代港至城原海岸，長約 3 公里的路，可以欣賞到海岸多變的風貌。

這條路線最著名的景點就屬「千貫松島」，由網代港入口處步行約 5 分鐘就會看到。被海水侵蝕、宛如洞穴的花崗岩，岩上長著一棵松樹。相傳是江戶時代鳥取藩主池田綱清公乘舟經過這裡時，感佩於這個小島景緻之美，忍不住讚嘆：「誰能把這個長在岩石上的松樹搬到我的庭院裡，我就賞他俸祿千貫。」由此而得「千貫松島」之名。

①西蓬莱島　②觀音浦　③鴨磯海岸　④酒宴洞門

⑤位於城原海岸的菜種五島

沿途還可見西蓬萊島、觀音浦、菜種五島，經過鴨磯海岸還可以看到特殊的海蝕洞「酒宴洞門」。由來是曾有詩人看到這般美景讚嘆道，在這一邊欣賞眼前的景致一邊喝上一小杯，不知道那酒會有多美味、多麼享受啊，因而被取名為酒宴洞門。

# 四國夏日祭典

### 1、高知縣よさこい祭

所在地區：高知市區

開催時間：每年 8/9 ～ 12

特色：行遊者手拿高知縣的名物「鳴子」（響板的一種），
　　　跳著舞，充分展現四國人夏日的熱情。為四國三大
　　　祭典之一。

### 2、德島阿波舞祭

所在地區：德島市區

開催時間：每年 8/12 ～ 15

特色：阿波舞為日本三大盆舞之一，從江戶時代發祥自今，
　　　是歷史悠久的日本傳統藝能。全日本各地都有阿波
　　　舞，但起源地的德島所舉辦的阿波舞祭是最大規模，
　　　每年超過 130 萬人至德島共襄盛舉。

# 關西近畿地區
## 三重縣
• • •

三重縣夾在京都、大阪和愛知縣名古屋等超人氣觀光縣鎮之間，很容易被忽略，其實仔細探究，會發現有許多重量級的景點。例如日本最高等級、地位最崇高的神社——伊勢神宮，以及登錄為世界遺產的熊野古道，神聖的參拜之路，全世界唯二以修行道路登錄為遺產之地（另一條是西班牙聖地牙哥朝聖之路）。此外，日本三大和牛之一的松阪牛亦是來自三重縣。龍蝦（伊勢海老）也是三重縣伊勢市的特產。三重縣可說是個可以充分感受日本信仰、神社文化，同時又能享用絕頂美食的地方。

## 世界遺產參拜靈地：熊野古道

熱門度：☆

推薦度：☆☆☆☆

推薦玩法&建議停留時間：如果時間有限，只能挑選一個景點、一條路線的話，推薦「大門坂」路線，可安排半天行程；若想要多走訪幾條路線，可安排3～4天的行程，走訪熊野三山的三社一寺。住宿推薦「新宮」站、「紀伊勝浦」站或「紀伊田邊」站一帶。

交通：

1、由名古屋出發：搭乘南紀特急列車直達熊野市站或新宮站，車程約3.5小時。

2、由大阪出發：由大阪搭乘近鐵特急至松阪後轉乘南紀特急列車至熊野市站或新宮站，車程約4小時。

熊野古道是前往熊野三山的參拜道路總稱。熊野三山指的是三社一寺，本宮大社、速玉大社、那智大社，以及那智山青岸渡寺。

熊野古道不只是一條道路，而是由五條主要道路所組成：紀伊半島西岸的紀伊路、連結高野山和熊野的小邊路、連接田邊與熊野三山的中邊路、穿過串本的大邊路，以及連接伊勢神宮到熊野的伊勢路。要定義熊野古道，很難用一句話說完，三社一寺、五條主要道路，橫跨了三重、奈良、和歌山三個縣境。

熊野古道是日本最大級的靈場和參拜之路，被日本人譽為一生一定要朝聖一次的修行者之道，且因其沿途特殊的人文景觀、文化信仰，被登錄為世界遺產。

關於熊野三山有一說法，速玉大社可洗滌前世的罪、那智大社結現世的緣、本宮大社則是為來世修福，巡訪三山，可以保過去、現在、未來的安寧順遂，熊野三山也因此成了許多參拜祈福的人必走的神聖古道。

◎路線一：大門坂

交通：從JR「紀伊勝浦」或JR「那智」站搭乘往那智山的公車，於「大門坂」下車；回程可由「那智の滝」上車返回JR車站。

全長：2.5KM

所需時間：1.5～2小時（若神社、寺廟、塔、瀑布都要細細參觀的話，需多估1～2小時）

難易度：低

▌大門 石板路入口處的兩座高聳老木，夫婦杉

熊野三山信仰的起源，那智瀑布，高度落差 133 公尺，為日本第一，同時也是日本三大瀑布之一。這段路非常經典且難易度較低，如果只挑一條古道走，許多旅人都會選擇它。從大門坂出發，迎接一段石板路，這是熊野古道最具代表性的風景。石板路向上爬行 30 ～ 40 分鐘就會來到表參道，可以依序從那智大社，走到那智山青岸渡寺、三重塔，最後再訪那智瀑布。短短一條路，可以欣賞到多樣的風景。從那智大社和三重塔都可以遠眺那智瀑布，爬到三重塔塔頂還可以瀑布底端，景致壯麗。

▌登上三重塔塔頂可以欣賞到瀑布的壺底

水吞王子跡。熊野古道上總共有 99 個「王子」，過去曾是朝聖者的參拜之地，現在只剩下遺跡。

## ◎路線二：中邊路精華

> 交通：JR 紀伊田邊、新宮、白浜、紀伊勝浦皆有公車前往本宮大社，最快的是由白浜出發，車程約 70 分鐘；由新宮出發車程約 100 分鐘。
> 全長：7KM
> 所需時間：2.5 ～ 3 小時
> 難易度：中

途中會行經一些柏油路，路過民家，還會看到美麗的梯田茶園。

這條古道是中邊路的精華，也是中編路最熱門的路線之一，近 7 公里長，不停歇一路走要花上兩小時；整段路上下坡度參半，務必做好爬山健行的心理準備。

沿途會穿梭在樹林間，也會行經許多石板路，並經過民家聚落，也有些點可以看到美麗的茶園、梯田、重重山巒。中途部分是走柏油路，大太陽底下不免有些炎熱，建議做好防曬。不過整段路沒有過陡的坡，步道皆經整修，且沿途都有指標，並不會很難走。值得注意的是，這條路雖偶爾行經民家，但沿途並沒有任何店家，自動販賣機也不多，要到了終點的本宮大社才有餐廳和商店。

本宮大社是熊野參拜者的信仰中心，參拜順序是由第三殿開始，再依序拜兩側的結宮、若宮。

◎路線三：丸山千枚田

交通：從 JR「熊野市」站搭乘熊野古道瀞流莊線，於「千枚田・通り峠入口」
下車，車程約 35 分鐘。
全長：5.5KM
所需時間：2.5 ～ 3 小時
難易度：中高

這條古道屬於伊勢路，如果體力好、行程有餘裕，非常推薦這條路線。同樣有經典的
石板路、樹林，爬到展望台還可以欣賞壯觀的梯田美景。丸山千枚田被譽為日本第一

的梯田，在山坡地上，上千片的小水田一片排開，像一面面鏡子映照著藍天，景致美麗。連續爬了約 40 分鐘的山路，雖然已經氣喘吁吁，但眼前的景色馬上令人忘卻爬山的疲累。

有些人上了展望台後會選擇走回頭路，循原路回到公車站，但如果有時間的話，不妨往另一個方向走下山，走進梯田間，近距離欣賞千枚田的景色。

日本說走就走，絕美四季｜

152

從入口往上爬大約 30 ～ 40 分鐘，會來到叉路，往上爬 10 多分鐘會抵達展望

▌穿梭在梯田間，會經過一顆驚人的巨石。

▌順著梯田間的路一直往下走，在叉路出現往千枚田莊的標誌，
往國道 311 號的方向走就會回到公車站。

# 關西夏日祭典

1、京都府祇園祭

所在地區：八坂神社

開催時間：七月一整個月

特色：日本三大祭典之一，同時也是京都三大祭典，是個有千年歷史之久的祭典。最大的看頭是於前祭 7 月 17 日舉行的山鉾巡行，華麗的抬轎令人看得目不轉睛。

2、京都府如意嶽大文字五山送火

所在地區：如意嶽

開催時間：8/16 晚間

特色：據說起源是作為盂蘭盆會民俗活動而舉行，每年 8 月 16 日的晚間，在如意嶽等五座山山頭點火，燒出大文字。

写真提供：KYOTOdesign

3、大阪府天神祭

所在地區：大阪天滿宮

開催時間：7/24、25

特色：和京都祇園祭同為日本三大祭典之一，同樣有千年的歷史。天神祭同
時也是世界上最大規模的水上慶典。天神祭從六月下旬至七月下旬就
有一連串的慶典，最高潮在 7/24、25 兩日，25 日晚間的船渡御更是
最大的看頭，各式各樣的船在水上交會巡遊，蔚為壯觀。

# 北海道

北海道是位於日本最北方的島嶼，幅員遼闊，為日本面積最大的行政區，也是全日本
唯一一個規劃為「道」的地區。

愛奴族是北海道的原住民，此地深受愛奴文化影響，全島有許多源自愛奴語的地名。

論起產業，北海道最著名的莫過於酪農業。北海道的農耕面積占了全日本的四分之一，
因此說北海道是日本的糧倉、食材的供給大站，一點也不為過。因為農耕面積大、氣

候優良，每年農作物都能有大量的生產，包括小麥、玉米、甜菜、馬鈴薯、胡蘿蔔、南瓜、洋蔥的生產量都居全國之冠。除了農業，地大物博亦有助於發展畜產業，北海道的牛奶遠近馳名，不只日本人喜歡，外國觀光客也知道它的名聲之大。不只牛奶，肉用牛的畜養頭數也是全國之冠。

北海道，許多人會想到螃蟹、干貝、鮭魚等海產，北海道四處環海，新鮮甜美的海鮮吸引了無數的饕客前往；其實北海道除了海鮮以外，蔬菜、肉品也很美味。再加上優美而廣闊的大自然環境，可謂一個好美、好玩又好吃的地方。

▌稚內宗谷丘陵的黑毛牛。宗谷牛的美味，正是拜這樣遼闊宜人的草原、優質的生長環境所賜。

# 知床——最後一塊淨土

**熱門度：**☆☆☆

**推薦度：**☆☆☆☆☆

**交通：**

1、巴士直達：由札幌出發，車程7小時。

2、R鐵路＋巴士：由札幌出發，乘函館本線‧石北本線至網走站，再轉乘釧網本線至知床斜里，車程約6.5小時；由旭川出發乘石北本線至網走，再轉乘釧網本線至知床斜里，車程約4小時50分；由釧路出發搭乘釧網本線，車程約2.5小時。

乘坐JR最遠只能抵達知床斜里站，若要進入知床市中心、遊覽各觀光景點，必須要再轉乘巴士至ウトロ，車程約1小時。

3、自駕：從札幌出發車程約8小時；旭川
　　車程約6.5小時；釧路車程約3小時。

**建議停留時間：**知床的景點很多，如果只
想走訪最有名的知床五湖，可安排一個半
天；若想走訪知床八景，至少要安排兩天
一夜的行程。

知床半島為世界遺產，且由於位於北海道邊
陲地帶，未被過度開發，保持著大半的原始
自然生態，被稱為日本最後一塊淨土。知床
的日文為しれとこ，源自愛奴語，意思為大
地的盡頭。知床給我的印象，也真的是宛如
天涯海角。

搭車穿梭在知床半島，每一個轉彎都是壯麗
的風景。且原始的自然環境下，也棲息著許
多野生動物，行駛在知床半島山路間，北海
道花鹿、北海道小狐狸隨處可見，甚至還有
可能看到棕熊。

遊知床的方式有很多種，如果時間有限，大
多數遊客可能拜訪知床五湖就離去；但如果
時間允許，建議至少安排兩天一夜，走訪知
床各個著名景點。知床有八景，這邊精選四

個景點，四個景點串起來，正好可以安排出
悠閒又能盡覽知床之美的行程。

### 知床八景之一：オシンコシンの滝

| 交通方式：搭乘公車於「オシンコシンの
|　　　　　滝」站下車，徒步1分。
| 便利度：☆☆☆☆☆

オシンコシンの滝被選為日本百大瀑布之一
的，從知床斜里前往ウトロ市最先見到的八
景就是這個瀑布。非常壯觀，遠遠看就可以
感受到他的氣派。近看更是被轟隆隆的瀑布
聲跟非常有氣勢的水流震懾。

### 知床八景之二：フレペの滝（又名 乙女の涙・少女的眼淚）

| 交通方式：公車「自然センター」站下
|　　　　　車，步行15～20分。
| 便利度：☆☆☆

非常詩情畫意的一個瀑布名。實際上這個景也非常詩情畫意。細長的瀑布，秀氣的涓涓細流往下。真的是「少女的眼淚」。不過這條瀑布其實位在海邊懸崖處，瀑布本身很秀氣，周圍的景觀卻是相當嚴峻帥氣。

要走到這個瀑布，入口在知床自然中心。從這邊出發往瀑布去要走個15至20分鐘，中間先經過一片樹林，之後就是橫跨一片草原往海邊去。

下坡的時候要多加留意，坡度陡、石頭滑

### 知床八景之三：カムイワッカ湯の滝

交通方式：公車「カムイワッカ湯の滝」站下
車，徒步1分鐘即可觀看到瀑布，要
爬到最頂端的一湯，來回大約15～
20分鐘。

便利度：☆☆☆☆

這是一個溫泉瀑布，如果有自備泳衣的話可以在這
露天泡澡。

這段瀑布有好幾階層，從入口往上爬必須涉水。整
隻腳都會浸入水中。因此最好的裝備就是好走的拖
鞋或雨鞋，或者自然中心有在賣可浸水又防滑的襪

子，就可以穿著襪子爬。現在有不少人沒有準備好適合的鞋襪就前來爬很多人索性赤腳往上爬，但是官方公告赤腳非常危險，被碎石頭扎到會受傷，千萬不可赤腳爬。

## 知床八景之四：知床五湖

> **交通方式**：公車「知床五湖」站下車
> **便利度**：☆☆☆☆

知床八景中的重頭戲，知床五湖。所有來到知床的人必定會走訪的景點。不過，在夏季熊出沒的季節，要走訪五個湖有諸多限制與規定。五湖當中最漂亮的一湖是最不受限制最方便參觀的一個湖，因為它可以利用高架木橋抵達。

高架木橋全年都可以自由通行，不需要事先接受任何導覽說明，沒有限制沒有封閉的時間。

如果其他四個湖也想要看的話，就得走另一條：地上遊步道。

這條步道有一些限制，一年除了冬季閉園期以外，分為三個時期，每個時期的參觀方式不盡相同。

知床五湖的一湖

|  | 期間 | 行前導覽 | 棕熊 | 備註 |
|---|---|---|---|---|
| 自由<br>參觀期 | 10/21～閉園<br>（約11月底） | 不需要 | 冬眠期，不會<br>遇到 |  |
| 植生<br>保護期 | 開園（約4月）～5/9<br>以及8/1～10/20 | 必要 | 有可能遇到棕<br>熊，棕熊出沒時<br>遊步道會封閉 | 行前導覽說明約10分<br>鐘，大人250日圓、<br>小學生以下100日圓 |
| 棕熊<br>出沒期 | 5/10～7/31 | 須參加<br>TOUR由專<br>業導覽員<br>帶領 | 頻繁出沒期，不<br>得在無人帶領之<br>下擅自入園 | 專業導覽約4500～<br>5100日圓。可以事<br>先在網路上預約申請 |

植生保護期雖有可能遭遇棕熊，但並非棕熊頻繁活動的季節，因此不限於由專業導覽員帶領，只要行前接受導覽說明，亦可自行走遊步道，欣賞五湖。導覽說明會給予遊客關於熊的簡單資訊，例如遇到熊時該怎麼應對、該怎麼做才可以避免遇到熊。

▎前往一湖的道路全段都是高架木橋，輪椅也可以進入。

遊步道有兩條路線，一條是看二湖跟一湖，大約 40 分鐘。另一條是一湖到五湖都可以看，全程要一個半小時。較長的路線，首先抵達的是五湖，五個湖中最小的一個，接著再走一下就是四湖。

二湖跟三湖之間稍有距離。穿越樹林，走一段路才會走到三湖。來到三湖就開始可以看到知床連山了。接著就是二湖。五湖當中面積最大的一個湖。這邊同樣也可以看到山峰倒映湖面。緊接著二湖的當然就是最美的一湖。

然後就來到遊步道的終點，走上高架木橋。這邊是單行道。只能從遊步道進入高架木橋，不能從木橋下來遊步道。如果沒有時間慢慢逛完五個湖，或者不巧遇到遊步道封閉的朋友，也請千萬不要錯過從高架木橋前往一湖的觀光路線。光是這條路線跟一湖就相當值得一看了。

## 稚內、利尻島──日本最北端、夢幻小島遊

**熱門度：**☆☆

**推薦度：**☆☆☆☆

**交通：**

1、巴士直達：由札幌出發，車程約6小時。

2、JR鐵路：由札幌出發，搭乘特急列車，車程約5小時；由旭川出發車程約3.5小時。

3、自駕：從札幌出發車程約6小時；旭川車程約5小時。

4、飛機：ANA每日各有兩班往返稚內羽田及稚內新千歲。航程分別為1小時55分和50分鐘。從稚內機場可轉乘巴士至市區，車程30分鐘。

**建議停留時間：**利尻島再加上遊宗谷岬，可安排兩天一夜的行程。

稚內位於北海道最北端，全日本最北的鐵路車站、最北端的石碑都在這兒。年均溫僅有7度，夏季裡最高氣溫也鮮少超過30度，歷史上只有兩次觀測到30度以上的紀錄。

稚內因位處最北端，距離俄羅斯領土也最近，與俄羅斯有著密切的關聯，街道上招牌、標示，除了日文以外偶爾還可見俄文。

▌在姬沼有機會看到「逆さ富士」，倒映富士。　▌オタトマリ沼，白色戀人的標誌便是由此取景。

## 利尻島

利尻島和禮文島被日本人譽為一生一定要去一次的夢幻小島。也許是因為位於日本最北端，不易前往，增添了它們的夢幻度。禮文島位於稚內西方海上，夏季滿山遍也開著百花，可欣賞到許多高山植物。利尻島則以多變的自然風貌著名，島中央的火山、貌似富士山的利尻山，以及圍繞著利尻山的森林和濕原，沿著海岸線行走，可以看到各種自然景色。

利尻島最著名的莫過於島中央的利尻山，北海道著名的伴手禮「白色戀人」上的那座山便是利尻山。

※ 利尻島交通方式：從稚內車站徒步 15 ～ 20 分鐘可抵達稚內港口，搭船前往，航程約 1 小時 40 分。島上的移動租車自駕最便利，雖有路線巴士但班次少，想在半天或一天內運用路線巴士觀光，能走訪的景點非常有限。或者可預訂觀光巴士，環島一周。（觀光巴士相關資訊請自宗谷バス官方網站查詢 http://www.soyabus.co.jp/）

## 宗谷丘陵 & 宗谷岬

前往日本最北端的宗谷岬沿途可經過宗谷丘陵，標高介於 20 ～ 400 公尺的丘陵地，經過考古驗證後發現兩萬年前這裡曾是冰河。這裡在明治時期曾遭受大火，樹木都被燒盡，往後因為稚內氣溫低，再加上宗谷丘陵一帶常有強風吹襲，樹木無法再生長，這樣的條件反倒促成了冰河地形的觀測，是少數用肉眼即可觀察冰河地形的地方。其特殊的景觀，被北海道列為自然遺產。

如果有時間有體力，可以安排宗谷丘陵縱走之旅，搭乘公車在「宗谷歷史公園」站下車，由此為起點，一路往宗谷岬前進，全程 11 公里，需時 4 小時。漫步在丘陵之間，可盡情地欣賞宗谷丘陵之美，沉浸在北海道優美遼闊的大自然之間。

自認體力不夠或者時間不足夠的話，可以搭公車直達宗谷岬，在「宗谷岬」下車，站在日本最北之地，眺望日本最北端的景致。

## 稚內美食

來到稚內有兩大美食不容錯過：海膽蓋飯和宗谷黑牛。

利尻島盛產昆布，而海膽以昆布為主食；全北海道最好吃的昆布，養育出絕品美味的海膽。特別推薦利尻島港口附近的食堂，海膽新鮮美味，而且海膽蓋得滿滿的，光是這個畫面就令人食指大動。

宗谷黑牛則是另一個必嘗夢幻美食。黑毛和牛本就是日本牛肉界的高級品種，而宗谷黑牛又有種說法是，這些牛群在宗谷丘陵這寬廣純淨的大自然下生長，無憂無慮，因此肉質比一般黑毛牛又更為鮮嫩。再加上宗谷黑牛每年生產量僅有 1000 頭，因此僅限於宗谷管制區域內販賣食用，除了有少數賣到首都圈以外，其餘全部都是留在宗谷地區內。因此這個高級優良的黑牛不像日本其他黑牛品牌這麼廣為人知，但卻是非常珍貴的極品牛肉。吃過日本各地的黑毛和牛，至今宗谷黑牛仍是我心中的 No.1。

【海膽蓋飯】磯焼亭

地址：北海道利尻郡利尻富士町鴛泊字港町

營業時間：夏/07:00～19:00；冬/10:00～17:00

每人平均價位：2000～3000日圓

【宗谷黑牛】ヴァン

地址：北海道稚內市中央 2-9-26

營業時間：18:00～20:00

每人平均價位：6000～7000日圓

## 釧路濕原——穿梭於日本最大規模濕原

**熱門度：**☆☆☆

**推薦度：**☆☆☆☆

**交通：**

1、巴士直達：由札幌出發，車程5.5小時；旭川車程6小時。

2、JR鐵路：由札幌出發，乘根室本線，車程約4小時；由網走出發搭乘釧網本線，車程約3小時。

3、自駕：從札幌出發車程約4小時；旭川車程約4.5小時；網走車程約3小時。

4、飛機：ANA每日有五班往返羽田釧路（其中有兩班為AIR DO運行）；三班往返札幌釧路。從釧路機場至釧路車站，可轉乘公車，車程45分鐘。

　　※由釧路車站前往釧路濕原，搭乘JR鐵路，車程20分鐘即可抵達釧路濕原站。

**建議停留時間：**釧路濕原本身建議安排一個整天。

釧路濕原是日本最大規模的濕原，棲息著上千種動植物。釧路濕原一年四季都有不同的美，萬物初生長的春季過後，進入夏季，濕原披上油綠的外衣，可謂最美的季節；秋季樹葉與草原轉紅、轉黃，呈現和夏季不同的色彩，冬季則是白雪覆蓋的銀白世界，還可以觀賞丹頂鶴。

釧路濕原內有數個展望台，可走訪幾個展望台，一邊健行一邊欣賞廣闊濕原的美景。

## ◎健行路線一：

JR釧路濕原站→細岡大觀望展望台→泛舟點→
細岡車站

**全長**：2.6KM

**所需時間**：1小時～1.5小時

**景色可看度**：☆☆☆☆

**健行難度**：☆☆

細岡展望台是釧路濕原所有展望台中交通最方便、距離車站最近的一個展望台。在進入釧路濕原時最先抵達的「釧路濕原」站下車，步行十分鐘即可抵達。釧路濕原沿線的車站都是小木屋。出了車站之後，馬上就可以看到標誌，順著標誌往上爬一段樓梯，爬上去之後是一條平坦中略帶有小坡度的山路，順著走沒多久就會來到大觀望啦。細岡大觀望交通方便，適合沒有時間的人，如果只能選一個點下車觀望的話，非細岡展望台莫屬。

釧路濕原的下一站是細岡。如果時間充裕，其實可以從細岡展望台走到細岡車站，40分鐘左右就可以到。這段路都是平緩的山路、林間步道和水泥路，很好走。大路一條非常單純，不用害怕迷路，一直走就對了。天氣好時，能邊走邊欣賞風景，省去苦等電車的時間，讓行程安排更有效率。

從細岡到塘路之間搭鐵路則可以沿途欣賞泛舟路線的釧路川風光。

▌釧路濕原車站小巧可愛

▌後半段是平坦好走的水泥路

從細岡車站步行 5 分鐘，還可來到泛舟的起點カヌースポット。

◎健行路線二：

JR塘路站→ 　展望台、　　展望台→
塘路自然中心

全長：4.2 KM

所需時間：2小時～2.5小時

景色可看度：☆☆☆☆

健行難度：☆☆☆

塘路站有很多眺望點，如果有時間建議把這邊
的停留時間安排長一點，慢慢逛慢慢看。塘路
兩大展望台，サルボ展望台、サルルン展望台
入口是一樣的地方，只是在中途分左右兩邊的
山路而已。距離車站有點遙遠，步行路程大約
30 分鐘。

抵達入口後，爬樓梯上山，中段會有個岔路，
往左是サルボ展望台、右邊是サルルン展望

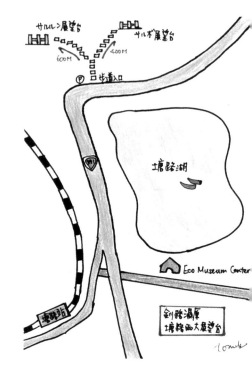

可愛的木屋建築，這
裡面有展出一些濕原
生態的資料。

台。從サルボ展望台可以眺望整個塘路湖，是欣賞塘路湖的絕
佳景點。接著另一邊是サルルン展望台，個人最推薦這個景點。
可以遠眺塘路湖，還可以看到濕原的湖沼群，景緻非常壯觀。
這邊還可以看到 JR 的鐵路，時間算好的話，可拍攝到濕原慢車
ノロッコ號穿梭在濕原間的畫面。

回程若時間充裕，不妨繞去距離車站 10 分鐘路程的塘路自然中
心。推薦大家繞至這個地方，其實是因為後院的風景非常值得
一看。中心就設在湖畔旁，繞到後面可以看到寬廣的塘路湖。

# 北海道夏日祭典

### 1、北海道盆舞

所在地區：札幌大通公園

開催時間：八月中旬為期一個月

特色：夏日是祭典的季節，但說起北國北海道的祭典，第一
　　　個想到的還是冬季的雪祭。不過，雪國的北海道夏季
　　　也還是有熱鬧的祭典。在大通公園舉辦的北海道盆舞
　　　就是一個可感受濃濃夏日風情的祭典。

### 2、富良野肚臍祭

所在地區：富良野

開催時間：每年 7/28、29

特色：富良野位處北海道正中央，因此被暱稱為北海道的「肚
　　　臍」。肚臍祭是富良野最大的慶典，行遊者戴著斗
　　　笠、、露出肚皮，在肚皮上畫上小人兒的臉，像是一
　　　個個小人兒在跳舞一般。夏日賞薰衣草之際，不妨也
　　　來看看熱鬧俏皮的肚臍祭。

# 其他夏日祭典

▌大曲花火照由一般社团法人秋田県観光連盟提供

### 花火大會點亮夏日的夜空

夏日不只是祭典的季節，也是花火大會的季節。日本全國各地夏季晚間常會施放煙火，茨城土浦全國花火競技大會和秋田的全國花火競技大會以及新潟縣長岡花火大會被稱為日本三大花火。秋田大曲的全國花火競技大會於每年最後一個周六舉行，一般簡稱為「大曲花火」。

這是日本唯一從午間就開始施放煙火的花火會，施放煙火數近兩萬發，由來自全國各地的團體與設計師絞盡腦汁、費盡巧思，設計出各式各樣的煙火，在夜空中競技。距離會場最近的車站為 JR「大曲」站，從車站徒步 30 分鐘可抵達會場。因為大曲花火是非常人氣、大規模的煙火大會，每年吸引 80 萬人前往觀賞，會場周圍嚴重堵車，車站也會大壅塞。

## 東北地區：三大祭典

雖然東北地區冬季雪國印象強烈，但夏日有幾個非常特殊的祭典，每年吸引海內外許多觀光客。若夏季有機會至東北旅遊，不妨順道安排幾個祭典欣賞。

### 青森睡魔祭

**所在地區**：青森市區

**開催時間**：每年8/2～7

**特色**：以歷史、神話等題材製造地大型燈籠的遊行，每年吸引超過200萬的海內外遊客共襄盛舉。為日本重要無形民俗文化財。

### 仙台七夕

**所在地區**：仙台市區

**開催時間**：每年8/6～8

**特色**：日本各地都會舉辦七夕祭典，但大多過的是陽曆，仙台是日本最大規模的七夕祭典，於農曆舉行。七夕時節，仙台市區商店街可以見到四處高掛著又大又長的彩球竹飾。

### 秋田竿燈祭

**所在地區**：秋田市竿燈大街

**開催時間**：每年8/3～6

**特色**：竿燈祭原為了驅邪消災以及祈求五穀豐收而舉行，最大的竿燈是在長約12公尺的竹竿上，挑著46個燈籠，總重量超過50公斤，職人們用單手或用肩膀、額頭等部位挑起，宛如表演特技。

© City of Sendai

■ 照片提供：東北觀光推進機構

## 沖繩

### 上班族忙裡偷閒精準五日遊

**DAY 1** 沖繩那霸→伊計島→夜宿恩納海灘飯店

那霸至伊計島車程 1.5 小時，伊計島至恩納 1 小時。

**DAY 2** 恩納→古宇利島→美 海水族館→夜宿名護或回恩納

恩納至古宇利島車程 1.5 小時，古宇利島至水族館約 50 分鐘。

**DAY 3** 名護或恩納→那霸→首里城、國際通等

名護至那霸約 1 小時。

**DAY 4** 渡嘉敷島一日遊

從那霸港出發，高速船單趟 35 分鐘。

**DAY 5** 那霸→返台

返台前，如果距離班機還有點時間，可以繼續逛逛國際通，或是有著大型免稅店的新都心商圈。

## 沖繩

### 悠閒度假跳島之旅

**DAY 1** 沖繩那霸→伊計島→夜宿恩納

第一天直奔中部的伊計島，還可沿途逛一下恩納海灘。

**DAY 2** 恩納→那霸→石垣島

恩納至那霸機場車程 1 小時，那霸飛往石垣島，航程 1 小時。下午抵達石垣島後可前往川平灣。晚餐別忘了享用石垣牛。

**DAY 3** 石垣島→竹富島→石垣島

由石垣港乘船至竹富島，航程 15 分鐘。竹富島不大，可以騎腳踏車環島一周。3～4 個小時即可遊遍全島。

**DAY 4** 石垣島→宮古島→與那霸前

石垣島至宮古島，飛機 30 分鐘。

**DAY 5** 東平安名岬→返回那霸

上午去逛逛號稱東洋第一絕景的海岸線，中午用過餐後搭飛機回那霸，航程 50 分鐘。晚上就在國際通用餐吧。

**DAY 6** 那霸附近一日遊

首里城、國際通等。

**DAY 7** 返台

夏・天・推・薦・行・程

# 九州

## 擁抱大自然之旅

**DAY 1** 鹿兒島→仙巖園

抵達鹿兒島後稍做安頓就來去薩摩藩藩主的別墅走走吧。晚上別忘了品嘗美味的鹿兒島黑豬肉。

**DAY 2** 鹿兒島→屋久島

由鹿兒島至屋久島高速船所需時間約 2～3 小時,早上出發大約中午抵達。下午可以租車或參加觀光小巴游島一周。

**DAY 3** 屋久島世界遺產的森林浴體驗

依個人喜好與體能安排繩文杉一日遊或白谷雲水峽遊。

**DAY 4** 屋久島→鹿兒島→熊本

上午可以再去一個地方走走,白谷雲水峽或是屋久杉ランド。下午返回鹿兒島後,稍作喘息再搭乘新幹線至熊本,車程近 1 小時。

**DAY 5** 熊本→宮崎高千穗峽谷

熊本車站有高速巴士直達高千穗,早上約 9 點出發,中午抵達高千穗,返程為下午四點多由高千穗出發。在高千穗有一個下午的時間可散策。巴士資訊可參考九州産交バス官方網站。亦可選擇在高千穗住宿一晚。

**DAY 6** 熊本→鹿兒島

熊本的觀光景點可參考春季

**DAY 7** 返台

## 關西
### 熊野古道參拜之旅

**DAY 1** 台北→大阪 or 名古屋→宿新宮

由大阪或名古屋至熊野古道的據點之一，新宮站，車程 3.5 ～ 4 小時，非常漫長。第一天的時間都花在交通上，請做好心理準備。

**DAY 2** 新宮→熊野市→千枚田

新宮至熊野市約 20 分鐘，由熊野市轉乘公車至千枚田。

**DAY 3** 新宮→本宮大社 或 那智大社

可自行選擇喜歡的路線。兩者皆可當日來回。路線的詳細介紹請參考。

**DAY 4** 新宮→返回大阪 / 名古屋

若還有體力，上午可以逛逛新宮站附近的速玉大社，或者早早出門，前往那智大社，下午搭車返回大阪或名古屋。

**DAY 5** 返台

最後一天，如果搭飛機前還有時間，可以在市區逛街、買點伴手禮。

夏・天・推・薦・行・程

## 北海道

### 大自然滿載之旅

**DAY 1** 台北→札幌→釧路

可考慮搭乘飛機,在新千歲機場轉成國內線直接飛往釧路,節省交通時間。夜宿釧路。

**DAY 2** 釧路濕原一日遊

**DAY 3** 釧路→知床→知床五湖

釧路至知床車程 2.5 小時,夜宿ウトロ。

**DAY 4** →知床八景巡禮→旭川

在知床的第二天上午,可自行精選知床八景的景點。中午過後前往旭川。車程 4.5 小時。

**DAY 5** 旭川→稚內

旭川至稚內車程 3.5 小時,早上出發、中午抵達,下午可前往宗谷岬。晚餐別忘了品嘗美味的宗谷黑牛。

**DAY 6** 稚內→利尻島

利尻島一日遊,稚內至利尻島船程 1 小時 40 分。

**DAY 7** 稚內空港→新千歲空港→返台

為節省時間,由稚內搭乘飛機前往新千歲,再直接轉乘國際線返台。若不想搭飛機,可以前一天下午即由稚內搭車前往札幌。車程 5 小時。

Chapter 3

秋。

紅 葉 與 黃 葉 競 演 的 季 節

# 秋季旅遊的小錦囊

## ❀ 早晚溫差大，東北以上提早入冬

秋季日本的氣候和春天類似，早晚溫差大，尤其初秋時節，9月到10月上旬，天氣晴朗時白天甚至會出現類似夏天的體感溫度。只是早晚溫度降得快，需要隨身攜帶薄外套。

北海道和東北的秋季很短，大約10月就會開始降溫，最低溫可達10度以下，11月則會陸續開始下雪，正式進入冬季。

整體而言，初秋時節比較容易下雨，是秋季的梅雨——「秋雨」；到了秋季後半，氣候會較穩定，尤其太平洋側的地區極少下雨。日本人常說秋季的天空是「澄んだ空」，秋雨將天空中的雜質洗淨，天一放晴，空氣澄澈，更顯藍天的廣闊。因此秋天的天空會比其他季節來得更遼闊、蔚藍。

## ❀ 楓紅季節

從十月中旬開始，日本全國由北至南陸續可以賞楓。在日本楓紅季節賞的是「紅葉」，紅葉意義廣泛，不只是我們所熟知的楓樹，其他如銀杏、落葉松等會轉黃的樹木也都統稱為「紅葉」。

不同樹種轉紅的時節不同，因此即便在同一個地方，也有著不同的「紅葉見頃」，落葉松先轉黃、緊接著楓樹轉紅等等，可能一整個月都可以欣賞到紅黃色輪流點綴樹林的景致。

樹葉轉紅轉黃的時期跟櫻花一樣，受氣候影響，不過大致來說，紅葉見頃的落差較櫻花小，觀賞期也較櫻花長一些，約從八分轉紅開始就可以稱為「見頃」，如果氣候沒有太劇烈的變化，最佳觀賞期大致上可維持兩個星期。因此規劃行程時，除非當年氣候有巨大的變化，否則以往年見頃日期的中間日數為基準，大致上都可順利賞到漂亮的楓紅。

此外，秋天也是個適合健行的季節，和夏季相比，秋天氣候較為涼爽，天氣也算穩定，可謂一年當中最佳健行時節。尤其秋季的天空經過秋雨的洗禮，格外清澈，可以看到比夏季更美的藍天。若是再搭配紅葉時期，有了不同色彩的點綴，往往可以看到一年四季中最美的一面。

# 紅葉與黃葉的競演

在日本，春天賞櫻賞花、到了秋天就賞楓紅。櫻花固然美麗，但是當枝頭綠葉染上紅色，大地宛如一幅水彩畫，訴說著季節的轉換、秋天的來臨，比櫻花更能感受到季節的更迭。雖然台灣也能賞楓，卻沒有日本這般季節分明、秋意濃厚。

日本全國各地都可以賞紅葉，北海道和東北地區枝葉最早轉紅，大約 10 月中下旬即可賞楓，其餘地區則多半要到 11 月中下旬以後。各地有各地的楓紅景致，不論是紅葉點綴的溪谷，或是日式庭園的楓紅，都有不同的美。

# 關東地區
## 山梨縣
• • •

### 河口湖：紅葉與富士山的完美合演

　　**熱門度**：☆☆☆

　　**推薦度**：☆☆☆☆☆

　　**歷年見頃**：11月上旬至中下旬

　　**交通**：

1、高速巴士：從羽田機場或新宿車站可直達河口湖（車程約1小時40
　　分～2小時）；從橫濱搭乘車程約2小時30分。

2、電車：搭乘JR中央本線至「大月」站轉乘富士急行線至「河口湖」站
　　（車程約1小時40分～2小時）。

　　在富士急行線「河口湖」站轉乘河口湖周遊公車，「久保田一竹美術
　　館」站下車即是河口湖著名賞楓景點「紅葉迴廊」。

　　**建議停留時間**：2～3小時

走訪過日本各地一些紅葉景點，河口湖始終是我心目中的第一名。倒映著藍天與富士山的平靜湖面、紅葉襯托下的冠雪富士山、紅葉搭起來的一座座隧道。在富士山的加持之下，河口湖的紅葉之旅更添一分魅力。

山梨縣有富士五湖：河口湖、山中湖、西湖、本栖湖、精進湖，都是富士山噴發形成的堰塞湖；河口湖為五湖中第二大湖，僅次於山中湖。河口湖湖岸全長 20 餘公里，搭著河口湖周遊公車就可以欣賞大約一半的湖景。

楓紅時期，河口湖一帶最有名的是通往「久保田一美術館」的紅葉步道，約 1.5 公里長的步道，枝葉相交，搭起了一座美麗的迴廊。

欣賞完紅葉迴廊不要急著離開，稍稍移動腳步前往湖邊，可以沿著湖畔步道欣賞紅葉與富士山的合演。許多風景明信片都是在這兒拍攝的呢！秋天有紅葉，春天則有櫻花，這條稍稍遠離著名觀光景點的湖邊步道，隱藏著河口湖最美的風景。

# 新潟縣——夢幻的大自然美景

說到新潟縣，多數人第一個想到的會是新潟米，接下來可能會聯想到知名文學家川端康成筆下的新潟——「穿出縣界長長的隧道，便是雪國。」

新潟縣靠近東北地區，一進入冬季也和東北一樣成為銀白世界、雪之大地。國內外不少遊客也會專程到新潟滑雪。但說起賞楓，恐怕極少人會想到它，其實新潟有著遠離塵囂、彷若步入仙境的紅葉祕境。

## 紅葉祕境奧只見湖

**熱門度：**☆☆☆

**推薦度：**☆☆☆☆

**歷年見頃：**10月中下旬

**交通：**JR「浦佐」站下車，轉乘往奧只見方向的南越後巴士，巴士乘車時間約1時間20分。

　　　如果行程前後預計在新潟住一晚，建議可宿「越後湯沢」站一帶，由越後湯沢搭乘電車至浦佐站只需20多分鐘。

**建議停留時間：**含搭乘遊湖遊覽船，約2～3小時

新潟縣的紅葉紅得比東京還要快，十月中下旬即可賞到楓紅。想要到日本賞楓，又無法在11月安排假期，除了北海道或東北之外，距離東京2小時新幹線車程的新潟縣也是一個選擇。

「奧只見湖」是新潟縣最熱門的紅葉景點之一。

奧只見湖位於新潟縣魚沼市與福島縣南會津的交界，是由「奧只見水壩」所構成的湖泊，在地人又稱之為「銀山湖」。

紅葉季節，遼闊湖泊周圍的樹林開始穿上不同顏色的衣裳，蔚藍的天、蔚藍的湖水，襯上紅紅黃黃的樹林，每一個畫面都宛如一幅畫一般。

遊覽奧只見湖最佳的方式是搭乘遊覽船，大多數的遊客都會選擇悠遊精華地帶一周的「一周コース」（大人820日圓，小學生以下410日圓），一次30分鐘。如果時間充裕，建議搭乘「銀山平コース」（國大人1130日圓，小學生以下570日圓），由奧只見水壩旁的乘船處一路開往銀山平，航程40分鐘，可以欣賞變化多端的山陵景致，看到的風景遠比一周コース豐富。回程可以買來回票，搭船回奧只見，也可以直接在銀山平搭巴士返回浦佐站。

## 大源太湖

- **熱門度**：☆☆
- **推薦度**：☆☆☆☆☆
- **歷年見頃**：10月下旬至11月初
- **交通**：JR「越後湯沢」站下車，轉乘往大源太的巴士，巴士乘車時間約30分。
- **建議停留時間**：1～1.5小時

大源太湖位於湯沢的山區，四周由大源太山環繞，是一座由水壩形成的人工湖。沿著大源太湖有一條遊湖步道，繞湖一周大約 20 ～ 30 分鐘，走到湖的底端還可欣賞圓弧狀的水壩口。

紅葉時期，染上顏色的樹林倒映在湖水上，再加上群山環繞，交織出美麗的大自然之景。這裡沒有奧只見湖來得熱門，少了觀光客的喧囂，多了一分享受美景的寧靜。

# 新潟私房美食

說起新潟就是想到「米」，新潟越光米是日本數一數二的品牌，來到米的寶地新潟，自然不能錯過。絕大多數的餐廳都會標榜使用新潟越光米，除了香噴噴的白米飯以外，蕎麥麵「へぎそば」也是新潟的著名鄉土美食，蕎麥麵裝在「へぎ」，薄木片方盤裡，每一圈麵團正好是一口份，是由新潟魚沼鄉出產的蕎麥製成，Q彈的口感是新潟へぎそば的特色。

▎這是越後湯澤車站美食街裡的小嶋屋的一人份へぎそば

# 東京都——與楓紅爭豔的黃葉

在紅葉季節，除了賞楓紅以外，由綠葉轉成金黃的銀杏亦是一大看頭。

日本全國各地都有各自的黃葉名景，例如北海道大學的銀杏並木、埼玉縣秩父公園的銀杏大道，或是青森的日本第一大銀杏木等，不過知名度最響亮的還是聚集在東京，因此若是規劃至關東地區賞楓，別忘了同時安排賞銀杏，親眼見證一場紅葉與黃葉的競演。

## 黃金色地毯：昭和記念公園

熱門度：☆☆☆

推薦度：☆☆☆☆☆

歷年見頃：10月下旬至11月下旬

交通：昭和記念公園占地廣大，出入口很多個，各個出入口都有不同的交通路線。在JR「立川」站下車，步行15分鐘可以抵達離「カナールのイチョウ並木」最近的「立川口」。在JR「西立川」站，下車步行約3分鐘會來到「西立川口」。這個入口正好位於兩條銀杏並木的中間點。

建議停留時間：1.5～2小時以上

門票：410日圓（15歲以上）／中小學生80日圓／65歲以上210日圓／小學生以下無料

昭和紀念公園有兩條銀杏並木，一個是靠近立川口的「カナールのイチョウ並木」，另一條則是位於「うんどん広場」附近的步道，這兩條金黃步道堪稱全日本最美的銀杏並木。

銀杏的見頃比楓葉稍慢一些，再加上賞銀杏最美的時刻不是枝葉整片染上金黃，而是金黃落葉鋪在地上宛如地毯般的景致，因此大部分推薦11月中旬以後再至昭和紀念公園賞黃葉。只不過在銀杏開始落葉的時期造訪也會有風險，如果遇上強風強雨，則會看到滿地落葉而枝頭空蕩的寂寥之景。

カナールのイチョウ並木和うんどん広場附近的銀杏步道皆有大約100株的銀杏樹，徜徉在金黃隧道下，踏著金黃色的地毯，享受秋季限定的美景。

## 黃金並木：神宮外苑

    **熱門度**：☆☆☆

    **推薦度**：☆☆☆☆

    **歷年見頃**：11月下旬至12月上旬

    **交通**：JR中央・総武線「信濃町」站步行5分鐘、都営大江戸線「国立競技場」站步行5分鐘、東京地下鐵銀座線「外苑前」步行8分鐘、東京地下鐵銀座線・半蔵門線・都営大江戸線「青山一丁目」步行10分鐘。

    **建議停留時間**：1小時

    **門票**：無料

位於明治神宮外苑300公尺長的銀杏步道，在黃葉季節，整條路披上金黃色的衣裳，為東京都內最著名的銀杏名景。由於位於東京市中心，交通比昭和記念公園方便許多，成了遊客最愛造訪的景點。步道最尾端，看似國會議事堂的華麗建築物是聖德紀念繪畫館，長長的金黃隧道直通到底，每一個畫面拍起來都宛如油畫一般。

カナールのイチョウ並木和うんどん広場附近的銀杏步道皆有大約100株的銀杏樹，徜徉在金黃隧道下，踏著金黃色的地毯，享受秋季限定的美景。

# 第一學府的銀杏城：東京大學

熱門度：☆☆

推薦度：☆☆☆☆

歷年見頃：11月下旬至12月上旬

交通：東京地下鐵丸の内線‧都営大江戸線「本郷三丁目」站步行6～8分鐘、東京地下鐵南北線「東大前」步行3分鐘。

建議停留時間：1小時

門票：無料

東京大學的銀杏算是穴場中的人氣之地。許多觀光客至東京旅遊，都會安排走訪東京大學、早稻田大學、慶應大學等名校，沾染一下日本名門大學的氣息。因此東京大學對遊客而言，並非一個陌生的景點。參訪東京大學，多數人會和比正門還要有名的「赤門」合照，遊走校園時不會忘記參觀一下著名的安田講堂，最後再到學生食堂享用便宜又美味的學生套餐。

■ 中央食堂裡的「赤門そば」
是東大食堂的招牌。

最適合拜訪東京大學的時節就是秋天的黃葉期。就如同杜鵑花是台大的象徵，銀杏也是東京大學的註冊商標，校徽上金黃色的葉片即是銀杏葉，黃葉季節，整個校園都被銀杏染上金黃，尤其以安田講堂前的銀杏並木最為著名。銀杏季節，校園裡除了東大學生以外，也會多出許多慕名而來的遊客，拿起相機捕捉第一學府滿片金黃的美景，或是乾脆帶上寫生用具、坐在樹下用畫筆記錄東大銀杏城的美。

番外篇　　不輸紅葉的紅花

**熱門度**：☆☆☆

**推薦度**：☆☆☆☆

**歷年見頃**：9月中下旬～10月初

**交通**：西武池袋線「高麗」站下車步行15～20分鐘

**建議停留時間**：1～2小時

**門票**：國中生以上300日圓

彼岸花，開一千年，落一千年。花葉永不相見。情不為因果，緣註定生死。

——《佛經》

埼玉縣巾着田沿著高麗川有著一片號稱全日本最大規模的彼
岸花群生地。彼岸花的原名為「曼珠沙華」，高麗川呈馬蹄
形狀，整片曼珠沙華的群生地約有 5.5 公頃大，總計有 500
萬株，花期間一片接著一片艷紅綻放的曼珠沙華甚是壯觀。

曼珠沙華，台灣稱石蒜花，又名彼岸花。「彼岸」，在日文
中的意思和中文相同，指的是死後的世界。傳說，黃泉路上
開著的即是這樣大片大片艷紅如血般的彼岸花。也有一個說
法是彼岸花艷紅似火，在黃泉路上就是以其艷紅宛如火照之
路，指引著亡者。

彼岸花，在傳說故事中是他界之花，不為凡間所有。也許是
因為有著這樣的傳說故事，讓這花在綻放之間，總有股世間
不該有的景致之感，而那特殊的花形也隱約流露出一股如此
鮮豔色彩的花不該有的幽靜感。

巾着田高麗川的曼珠沙華群生地，開滿遍野，遠遠一看真的
像一片紅色地毯。花期中最壯觀的見頃只有一周左右，但是
如果能幸運碰上的話，真的是一生難忘的景致。

# 關西地區
## 京都府──楓紅的古都

策畫日本旅遊，第一站往往不是東京便是大阪京都。在東京於 1868 年被立為首都前，京都維持了上千年的首都之位，和日本歷史上其餘僅十年或最多數十年的舊首都們相比，京都能夠長期保有文明與政治中心的地位實為難得。

也因為京都有這樣長年的歷史，至今仍然保有著古都的風貌，總計超過 3000 個神社、寺廟，每年都吸引來自世界各地的遊客來場廟宇巡禮。

在這樣古色古香的京都，許多人嚮往在櫻花季節探訪，廟宇神社配上粉嫩的櫻花，有種古典的美。然而，除了櫻花季以外，私認為秋季楓紅才是京都最美、最有韻味的時節。

## 水彩畫般的嵐山溪谷

> 熱門度：☆☆☆☆☆
>
> 推薦度：☆☆☆
>
> 歷年見頃：11月下旬至12月初
>
> 交通：搭乘京福電車或阪急電鐵至「嵐山」站下車，轉乘嵯峨野觀光鐵道トロッコ小火車，或是至渡月橋一帶搭乘屋形船乘舟遊嵐山溪谷。
>
> 建議停留時間：2〜3小時

嵯峨野觀光小火車由起站嵯峨至終站龜岡，車程 23 分鐘。時間不多的人，多半選擇由起點搭到終點，從車窗欣賞沿途風光，從頭到尾瀏覽一遍，也算掌握到精華。

有時間在沿線作停留的話，可以在「保津峽」下車，沿著保津川散策，用自己的速度悠閒地欣賞溪谷風光。

嵐山竹林道

▌小火車嵐山站附近的天龍寺，日式庭園造景襯上紅葉甚是美麗

另外，除了從起點嵯峨站開始乘車之外，更多人選擇從「嵐山」站開始小火車之旅。在京福電車或是阪急電鐵嵐山站下車後，可先步行至渡月橋，再沿著河川一路往下走，步行 15 分鐘來到「龜山公園」，公園內的展望台有著絕佳的嵐山溪谷眺望景。往另一個方向下山，接上有名的竹林步道再走一段路就會抵達小火車嵐山站。這是一條可以由不同角度充分欣賞嵐山之美的路線。

■ 陰陽之庭

■ 余香苑

## 寺廟庭園與紅葉的絕妙組合──妙心寺

熱門度：☆☆☆
推薦度：☆☆☆☆
歷年見頃：11月下旬
交通：JR嵯峨野野「花園」站下車徒步5分鐘。
建議停留時間：2～3小時

妙心寺是日本第一大禪寺，占地 10 多萬坪，境內共有
46 座寺廟，其規模宛如一個小城鎮。境內可自由參觀，
但每一座有開放參觀的寺廟都要各自收門票，500 ～
700 日圓上下。如果有意願付費參觀幾間寺廟的話，推
薦退藏院以及紅葉時期特別開放的大法院。

退藏院是妙心寺境內數一數二的古老廟宇，境內的庭園
造景「元信之庭」被列為史蹟名勝，是著名的枯山水庭
園。位於院內深處的廣大庭園「余香苑」則是放諸日本
全國都不遜色的昭和名園。紅葉時期，楓紅的點綴，更
顯其優雅之美。

妙心寺大法院平常不對外公開，只有在春季櫻花與秋季楓紅期間開放。大法院是日本江戶時代信濃境內最大的藩松代藩第八代藩主供奉先祖牌位的菩提所。

大法院占地不大，600 日圓即可入內並附有茶點和茶，在紅葉庭園之間，一邊享用和菓子與抹茶，一邊欣賞楓紅景致。

另外，妙心寺法堂的雲龍圖雖與紅葉無關，卻也是鎮寺之寶。若有時間，不妨前往參觀。雲龍圖全圖直徑 12 公尺，由不同角度觀看呈現不同色調與空間感，會捕捉到龍不同的樣貌。

# 京都秋日祭典

時代祭

地點：平安神宮（地下鐵「東山」站下車徒步 10 分鐘）

開催時間：每年 10/22

特色：京都三大祭之一，於 1895 年，為慶祝平安神宮的創
　　　設及平安遷都 1100 年而舉行。時代祭的看點在於「時
　　　代行列」，上千人的巡遊隊伍，身著橫跨了 1000 多
　　　年歷史、不同時代的服裝。每個細節的重現都展示
　　　了京都的傳統技藝，觀賞這些時代巡遊隊伍，就宛
　　　如看一幅活生生的時代繪卷。

写真提供：KYOTOdesign

# 北陸地區

## 長野縣

奈良時代，古日本在律令制下的行政劃分中，長野縣一帶被劃分為「信州」，因此到長野縣一帶常常會看到「信州」這兩個字。長野縣屬狹長型，共與八個縣相鄰，也因為縣內有諸多標高 2、3000 公尺以上的山峰相連，而被稱為「日本的屋簷」。因為長野縣境地狹長，即便在同一個縣內，各地氣候還是有很大的差異，而上高地和輕井澤等觀光勝地，因為海拔較高，氣候類似東北、北海道，冬季寒冷、夏季涼爽舒適，春秋則是早晚溫差大。

### 紅葉點綴的仙境：長野縣上高地

熱門度：☆☆☆☆

推薦度：☆☆☆☆☆

交通：

1、由東京出發可在新宿搭乘高速巴士直達上高地。

2、搭乘長野新幹線轉一般電車或是搭乘特急列車「ワイドビューしなの」至「松本」站，轉乘上高地直行巴士（一日來回各一班）。

3、從「松本」站轉搭松本電鐵上高地線至「新島々」站，轉乘上高地巴士。

建議停留時間：至少3～4小時，時間充裕者可安排一日遊。

所需時間：70～80分鐘

景色可看度：☆☆☆☆☆

健行難度：☆☆

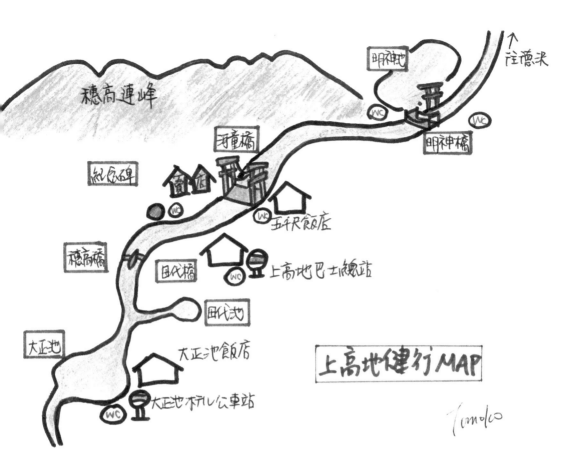

上高地健行MAP

Tomoko

上高地位於長野縣松本市海拔 1500 公尺的山地，屬於中部山岳國立公園的一部分，山脈與河川交織出一副副如畫般的美景，被讚美為「神降地」——神仙降臨的美地。根據官方網站資料統計，每年大約有 150 萬的遊客為了親眼見證上高地之美造訪此地。

上高地一帶因為被列為保育區，禁止私家用車進出，自行開車前往的遊客必須在進入上高地之前將車子停放在沢渡或平湯區域的停車場，然後再轉搭接駁公車。也因為諸如此類的嚴格限制，讓上高地儘管每年有上百萬人拜訪，躍身成熱門的觀光地，依舊保留著原始、乾淨的大自然風貌。

## ◎健行路線一：大正池→田代池→河童橋

全長：3.5KM

所需時間：70～80分鐘

景色可看度：☆☆☆☆☆

健行難度：☆☆

這段路線可以說是上高地的精華所在。大正池是上高地的代表性風景之一，算是旅人們在進入上高地時第一個看見的景致。大正池是大正4年（西元1915年），燒岳火山噴發運動之下形成。水面平穩宛如一面鏡子，天氣好時可見完整的穗高連峰倒映在池面上。早晨的薄霧迷濛、日間的清澈湛藍、黃昏的金黃照耀，僅僅一天之中大正池就會呈現不同的面貌，許多攝影愛好者會專程在這裡待上一整天、甚至數日，只為了捕捉那魔幻的一瞬間。

搭乘上高地巴士，在「大正池」下車，走下石階便可抵達池畔。時間緊促的遊客，可能在池畔拍拍照就得趕往下一站，但是如果有時間，建議一路走到河童橋，途中還可繞至田代池。

田代的日文意思為水田，勾勒出它宛如水田般的濕原地貌。若說大正池是大山大水之景，田代池就是隱身在林間、柳暗花明又一村的一渠小池。看著若靜若動的池水，以及水面上黃葉的倒映，有種與世隔絕的幽靜。在這還可以看到清晰、完整的燒岳和穗高連峰。

**主要景點間距離與所需時間**

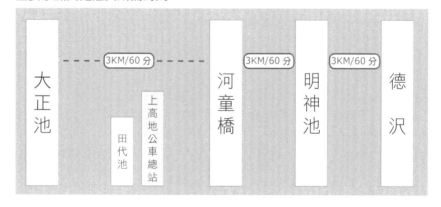

▌早晨日出時分的大正池　　　　　　　　▌田代池

▌離開田代池前別忘了望一眼穗高連峰　　▌梓川路線

從田代池一路走到河童橋，路程約 40 分鐘。田代池到田代橋這一段，有沿著河岸的「梓川路線」和穿越常綠針葉樹林的「林間路線」，如果沒有要往返只要走單趟，建議走「梓川路線」，可以沿路欣賞河岸風光。

河童橋往明神池沿途風景優美，偶爾還可見野生猴子

二之池

## ◎健行路線二：河童橋→明神池→河童橋

全長：6KM

所需時間：2.5小時～3小時

景色可看度：☆☆☆☆

健行難度：☆☆

從河童橋往返明神池也是一條來上高地的遊客必走的路線，許多旅行團甚至指開車經過大正池，讓遊客在河童橋下車，指引遊客前往明神池。

官方網站指示河童橋至明神池這段路大約3公里，路程60分鐘，然而沿途風景優美，偶爾不免駐足拍照，來回路程若只估2個小時，絕對太趕。

明神池共有兩座池，池畔還有穗高神社奧宮。神社可以免費參拜，但是明神池要收入場費，小學生100日圓、中學生以上300日圓。

明神池原是梓川的一部分，後來受明神岳岩石崩落影響，截斷成池。緊鄰著池畔的高聳山峰為明神岳，繞著步道環池一周，看看一之池和二之池展現的不同景致。

紅葉季節，披上色彩的樹林也將池水點綴得五彩繽紛，是一幅幅天然風景畫。

## ◎健行路線三：河童橋→明神池→德沢→河童橋

全長：12KM

所需時間：4.5小時～5小時

景色可看度：☆☆☆

健行難度：☆☆☆

在上高地停留時間長、想要多走一些路的話，到了明神池之後先不要折返，可以繼續往下前往德沢。

德沢是許多登山客的中繼站，可以由此前往蝶岳或是楓紅熱門地涸沢。如果沒有要登山，大多數遊客走到明神池便會折返。從明神池到德沢這段路，不時會遇到小幅度的上下坡，與前面兩個路線相比，健行難度確實稍高一點，但是路途大致上平坦好走。而德沢那遼闊、彷彿可以一直眺望到很遠很遠的山頭的景致，和大正池的魔幻、田代池的秀麗、明神池的神祕，截然不同。在明神池和德沢都有小商店、餐廳，如果沒有自備午餐，亦可在這兩個地點飽餐一頓。

## 秋日浪漫的渡假勝地：長野縣輕井澤

熱門度：☆☆☆☆

推薦度：☆☆☆

歷年見頃：10月中旬至11月初

交通：由東京出發搭乘長野新幹線至
　　　「軽井沢」站下車（新幹線車
　　　程約1小時），徒步15分鐘可抵
　　　達賞楓景點「雲場池」。

建議停留時間：2～3小時

輕井澤是關東地區的著名避暑勝地，位處
海拔約 1000 公尺處，夏季涼爽、冬季嚴
寒，夏季避暑而冬季則變身為滑雪勝地。

輕井澤會成為避暑勝地，一切緣起於 19
世紀末期加拿大傳教士 Alexander Croft
Shaw 偶然造訪，被輕井澤清靜的大自然
之美震懾，而後決定在這裡蓋一棟別墅，

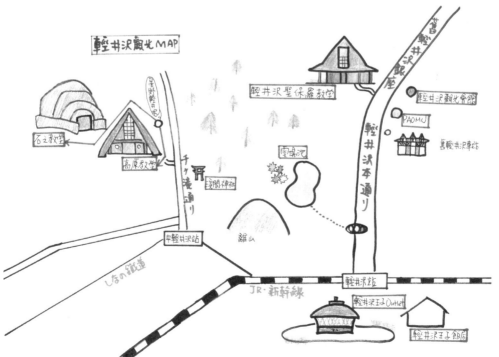

▌輕井澤聖保羅教堂

以便炎炎夏日來此避暑。數年過後，漸漸也有日本人在此
興建別墅。也由於輕井澤最初是由這位加拿大傳教士與其
家族、友人將之發展為避暑勝地，因此鎮上多處留有濃濃
的基督教文化風情。例如在舊輕井澤車站附近的「輕井澤
聖保羅教堂」、或是位於中輕井澤的高原教堂、石之教堂
等，小小的區域內有許多教堂。

高原教堂

石之教堂

雲場池

　而輕井澤地區最著名的賞楓景點則屬「雲場池」。雲場池別名天鵝湖，恬靜的湖水、優游在湖面上的鴨子們，再加上紅葉季節圍繞著池子的整段步道都染上顏色，倒映在湖水上，形成如詩如畫的景致。雲場池並不大，遊池步道繞一圈約 20 分鐘。

# 輕井澤私房美食

舊輕井澤車站附近的銀座通上有許多特色小店與餐廳，最受日本人喜愛的伴手禮是果醬，除了水果口味以外，還有甜玉米、濃醇牛奶、布丁等有趣的口味。而且除了常見的草莓、藍莓、櫻桃等水果以外，還有其他很多可能吃都沒吃過的水果，可以多多試吃，挑選喜歡的口味，送禮自用兩相宜。

另外，接近舊輕井澤銀座通的入口處有一間 PAOMU 咖啡店，明星商品「布丁」曾經得過日本伴手禮大獎，採用的是日本高級雞蛋ヨード卵・光和淺間高原的特濃牛奶，蛋黃和牛奶的香味濃郁，口感綿密細緻。一份將近 500 日圓，並不便宜，但對許多遊客來説，來到輕井澤什麼都可以不吃，就是不能錯過 PAOMU 的布丁。

富山縣
・・・

## 黑部峽谷：隱身於深山峽谷的紅葉祕境

熱門度：☆☆☆

推薦度：☆☆☆☆

歷年見頃：10月下旬

交通：由東京出發，搭乘北陸新幹線至「黑部宇奈月温泉」站下車（新幹線車程
　　　2小時14分），至富山地方鐵道「新黑部」站轉乘電車至「宇奈月温泉」
　　　徒步5分鐘可達黑部峽谷鐵道。

建議停留時間：3〜5小時

▎富山名產：白蝦　　　　　　　　　　　　　　▎高岡站附近高岡市圖書館前廣場的哆啦 A 夢銅像

位於北陸地區的富山縣，縣如其名是個擁抱眾多山脈的縣，有名的立山便是位於富山縣的東南方。富山的水很有名，因此富山米在日本人之間也小有人氣。此外，因為富川縣靠日本海的關係，亦是美味海鮮的寶庫，白蝦、螢火魷都是富山的特產。

另外，哆啦 A 夢的作者藤子不二雄亦是富山縣出身，在藤子老師的故鄉富山縣高岡市可以探訪許多哆啦 A 夢的蹤跡。

### 隱身於深山峽谷的紅葉祕境

黑部峽谷是全日本最深的 V 字峽谷，列為日本三大峽谷之一，也是日本祕境百選之一。黑部峽谷是由黑部川侵蝕出來的地形，一座將飛驒山脈一分為二的壯麗峽谷。夏季河川水流澄澈湛藍、冬天白雪覆蓋，秋天則是在紅葉黃葉的點綴之下，交織出黑部峽谷一年四季中最美麗的景致。

紅葉季節黑部峽谷小火車可以從起點宇奈月一路坐到終點「欅平」站。黑部峽谷鐵路共 20 公里長，沿線會穿越 41 座隧道、行經 21 座橋，由起點搭到終點，單趟 1 小時又 30 分鐘，沿途是目不轉睛，眼睛跟不上相機快門速度的連連美景。

小火車行經宇奈月水壩，翡翠綠的湖水非常美麗

11 月山頭已經下雪，紅葉點綴加上白雪覆蓋，儼然是水彩畫盤。

黑部峽谷的紅葉整體而言在10月下旬至11月初即為見頃，但整段峽谷各區域氣候不一，有可能會遇到部分區域正紅、部分已經要開始落葉的狀況；此外因為海拔高，最早9月底、10月初就開始降雪，在峽谷沿線可以看到白雪與紅葉的奇妙組合。也因此在秋季遊黑部峽谷時務必注意保暖，深山中的氣候可比冬季，部分區域也可能因為積雪而封閉無法前往參觀。

坐小火車遊覽黑部峽谷是大多數觀光客採用的，有時間的話也可以停留幾個車站，下車健行。中途可於「黑薙」、「鍾釣」下車。黑薙一帶可以走吊橋，站在河川中央欣賞峽谷的險峻之美。鍾釣則可欣賞壯觀的峭壁和萬年雪展望台。終點站欅平則可走訪猿飛峽、奧鍾山，近距離欣賞山間的祕境溪流。起點站宇奈月附近則可步行至宇奈月水壩、新舊山彥橋，或是登上山彥展望台，由上往下俯瞰峽谷與過橋的小火車。

## 關東

### 紅葉一網打盡七日遊

**DAY 1** 東京→新潟

東京至越後湯沢新幹線車程 1.5 小時

**DAY 2** 越後湯 →奧只見湖→大源太湖→東京

**DAY 3** 輕井澤一日遊

東京至輕井澤新幹線車程約 1 小時 15 分

**DAY 4** 東京→河口湖

早上 9 點出發，中午前可抵達

周遊河口湖：天上山公園→紅葉迴廊→
久保田一竹美術館→河口湖湖畔

**DAY 5** 河口湖→東京

**DAY 6** 東大銀杏→昭和記念公園

**DAY 7** 神宮外苑銀杏並木

返台前，不要跑太遠的景點。去神宮外苑
看東京都著名的銀杏並木吧。飛機較晚的
話，還可以把握最後時間血拚。

此行程非常豐富（緊湊），有自助遊過日本的貪心者
適用。初心者可以刪掉 1 ～ 2 個景點調整。

秋・天・推・薦・行・程

關東
甲信越

## 紅葉健行七日遊

**DAY 1**　東京→長野（松本）（※註一）

東京都心至松本搭快車車程約 3 小時

**DAY 2**　上高地一日遊（※註二）

**DAY 3**　松本→富山

從松本搭電車至長野站轉新幹線，車程
共計近 3 小時

**DAY 4**　黑部峽谷一日遊

從富山至黑部峽谷車程約 1 ～ 1.5 小時

**DAY 5**　富山→輕井澤

從富山搭新幹線至輕井澤車程約 1.5
小時

周遊輕井澤：雲場池、舊輕井澤、石之
教堂、輕井澤 OUTLET 等

**DAY 6**　輕井澤→東京→昭和記念公園

東京至輕井澤新幹線車程約 1 小時 15 分

**DAY 7**　東京散策

註一：建議住在松本站附近，前往上高地較方便。抵達松本後若有時間可以走訪松本城，從松本站徒步 15 ～
　　　20 分鐘

註二：早上 8 點從松本站出發，10 點前可抵達上高地。若回程搭末班車下午 6 點的巴士離開，則有 8 小時可
　　　以遊覽上高地。

Chapter 4

# 冬。

雪 之 大 地

# 冬季旅遊的小錦囊

說到日本冬季的景色，自然就是各種雪景了。雖然台灣高山也會下雪，但對大多時候生活在平地的我們而言，下雪的景致不僅少見新鮮，也有股吸引力。

冬季的日本，除了南部的沖繩縣以外，整體而言都比台灣寒冷，若是往東北、北海道或是海拔較高的地方走，甚至會碰到下雪、行走於雪地之間。因此冬季去日本旅遊，如何穿得暖、行動上又能兼顧方便與安全，是一大課題。

日本全島最早進入冬季的自然是最北邊的北海道，大約十月中旬左右就會下第一場雪。東北地區也是十月下旬至十一月就會開始飄雪。日本其他地區則屬一、二月為一年當中最冷的時節，進入一月或甚至十二月底若迎上冷鋒就有可能下雪，只是平地市區雖會降雪但積雪的機率較少。全日本基本上只有沖繩縣不會下雪（但歷史上還是有兩次觀測到雪的紀錄），就連南九州的鹿兒島縣、宮崎縣都偶有降雪。

### ❀❀ 去雪國旅遊，怎麼穿？

若會碰上下雪或是行經雪地，不只要穿得保暖，也要考慮行動方便性。怎麼穿？從頭到腳都有一套學問。

## POINT 1 洋蔥式穿法

有人一遇上冷天，便把所有保暖衣物都穿上，衛生衣、套頭毛衣、外面再來一件毛衣。其實日本冬天室外溫度雖低，但室內都會開暖氣，外套底下若是穿得太厚重保暖，一進到室內只怕會悶熱得喘不過氣。

冬天到日本旅遊，有一件夠保暖的外套（羽絨外套等）非常重要。外套夠保暖，裡面就不用一層又一層地包得過度厚重。若是較怕冷者，外套底下的衣服則掌握洋蔥式穿法，例如一件套頭毛衣加上背心或罩衫，進入室內若覺得太熱，可以隨時依個人感受穿脫。

## POINT 2 帽子、耳罩

日本平均氣溫比台灣低，即便不會碰上下雪，冬季的氣溫還是有可能下探個位數，風吹起來是冰冷刺骨的。頭部方面的保暖除了戴帽子以外，耳朵也不能忽略，沒有在寒冷國家待過的人，看到日本街頭販賣耳罩常常會無法理解，但是吹過一次日本冬天的冷風後，便會明白耳罩的重要性。耳朵凍到沒有知覺，真的不是蓋的。

## POINT 3 下半身保暖也不能忽略

大多數人都會想到上身要穿保暖一點，很容易就忽略了下半身。如果褲子不夠保暖、較怕冷者，褲子裡面可以再加一件衛生褲或毛襪。畢竟出了戶外，上半身還有厚重外套擋著，下半身始終都是那一件褲子，若忽略了下半身，上半身暖了下半身還是會受凍。

## POINT 4 襪子和鞋子也很重要

下半身的保暖不只兩腿，兩隻腳丫子也不能忽略。若襪子太薄，很容易踏進雪地就被凍到。鞋子則要注重防滑、防水。雪地行走最怕的就是滑倒，若是踏在軟綿綿的雪地，只要注意鞋子夠防水、雪水不會滲透進腳底即可；若是走到結冰的路面，鞋子不夠防滑，一不小心就可能摔個四腳朝天。

北海道跟東北地區的藥妝店和部分便利商店都可以買到防滑冰爪，若要去雪地旅行，建議可以在鞋底加上冰爪，降低打滑的機率。

有些人會特地購買雪靴，其實鞋底夠防滑的雨鞋也可以代替雪靴，畢竟踏進雪地裡就宛如踩進水灘，只要能夠防水就非常足夠。

擔心身上裝備不夠的話，不妨善用藥妝店都可以買到的暖暖包。除了常見的一般型暖暖包以外，還有可以貼在身上的，建議可以貼一塊在腰部，腰部乃人體中樞周圍許多臟器，讓身子暖起來的祕訣首推腰部。也有專門貼腳底的暖暖包，若鞋子和襪子較薄、不夠暖，可以靠腳底暖暖包加持。

## ❖ 冬季旅遊的行程安排

冬季旅遊安排行程時要比其他季節多估算一些緩衝時間，因為冬季大眾運輸工具很容易受氣候影響，誤點或甚至遇大雪停駛都有可能。在雪地行走的腳程也會比平時來得更慢一些，因此各個景點的逗留時間也要估得寬鬆一些，多加個十多分鐘到半個小時，以免計畫趕不上變化。

另外要注意的是，有些地方冬季道路會封閉，不論是自駕或是預計搭乘大眾運輸工具，都建議仔細查詢冬季的路況與車次，確定交通可達性。若是計畫自駕，則還要多多留意，若沒有在雪地開車的經驗，建議不要走太長的路或甚至是山路，冬季雪地的路況和其他季節截然不同，即便是日本人若非東北或北海道在地人，都常常因為對雪地駕駛不熟練而出車禍，如果真的想要自駕，務必注意行車安全，盡量挑選較好行駛的路線。

# 冬季限定的運動：滑雪

許多台灣旅客冬季至日本旅遊都不會錯過「滑雪」。台灣雖高山地區亦會飄雪，卻沒有良好的地理環境建造天然滑雪場，而日本距離台灣近，飛機坐 3 個小時即可抵達，成了愛好滑雪的旅客的首選。

北海道與東北地區因為佔地理位置與氣候條件優勢，各地遍布滑雪場，不只吸引國外的旅客，也是日本國人熱愛的滑雪聖地；另外，從東京出發的遊客也會選擇新幹線或高速巴士可輕鬆抵達的長野縣（如

輕井澤）、新潟縣（苗場、GALA 湯澤等）、
群馬縣等地的滑雪場。

各處的滑雪場各有特色，有的以氣候穩定受滑
雪客喜愛、也有雪質佳的滑雪場，或是規模大、
滑雪道變化多等等，適合初級者的、適合中高
級滑雪老手挑戰的場地，依個人需求與喜好不
同，有不一樣的選擇。

▌富良野滑雪場

▌藏王滑雪場

另外，建議初學者初到日本滑雪不要一個人貿然亂闖，如果不願花大錢請教練教，至少也要有熟練的人帶著。若不介意花點學費，並且語言可以溝通的話，許多滑雪場都有提供一對一或一對多的滑雪教室，由專業教練指導，教練不只可以帶領你滑雪，安全上也較有保障。

以下僅介紹幾個具代表性的滑雪場供為參考。

## 北海道、東北地區

| | 都道府縣 | 交通 | …之最 | 其他特色 | 適合對象 |
|---|---|---|---|---|---|
| ニセコ NISEIKO | 北海道 | JR ニセコ站換公車或計程車（車程10分鐘）；札幌車站或新千歲機場亦有直行巴士 | 日本最具代表性的國際滑雪場 | 雪質佳、天候穩定 | 初學者較不建議。適合中上級 |
| トマム TOMAMU | 北海道 | JR トマム站下車，換計程車或飯店接駁車 | 日本最具代表性的滑雪度假村，適合親子遊樂 | 雪質佳。滑雪道依不同對象設計，適合對象廣泛，老少咸宜 | 初心者、中上級皆宜 |
| 富良野 | 北海道 | JR 富良野站下車換計程車（車程10分鐘） | 北海道雪質最佳的滑雪場之一 | 較不擁擠；有許多適合中級者挑戰的滑雪道 | 中上級 |
| 安比高原 | 岩手縣 | JR 盛岡站轉乘巴士；或至 JR 安比高原站搭計程車或飯店接駁巴士 | 日本最大級的滑雪度假村 | 滑雪場規模全日本數一數二、面積廣大 | 中上級 |
| ALTS 磐梯 | 福島縣 | JR 郡山站轉乘接駁巴士 | 滑雪道組合29種，東北最大規模 | 適合年齡層與族群廣泛 | 初心者、中上級者皆宜 |
| 藏王 | 山形縣 | JR 山形站轉乘巴士 | 搭配世界級奇觀樹冰原，景致最佳 | 滑雪道多樣，挑戰度高；滑雪之餘還可泡湯 | 中上級 |

| | 都道府縣 | 交通 | …之最 | 其他特色 | 適合對象 |
|---|---|---|---|---|---|
| 苗場 | 新潟縣 | JR 越後湯沢站轉乘巴士（車程 50 分鐘）或由東京搭乘直達高速巴士 | 湯沢地區標高差最大 | 11 月即開放；位處內陸且海拔高，因而有雪質良好的乾雪 | 初心者、中上級者皆宜 |
| GALA 湯沢 | 新潟縣 | JR GALA 湯沢站 | 唯一與新幹線連結的滑雪場 | 滑雪道不長但變化多；中斜面的滑雪道居多 | 中級者最適合 |
| 輕井澤 | 長野縣 | JR 輕井澤站下車徒步 10 分鐘 | 晴天機率 90% | 滑雪場常設有人工造雪機，隨時用人工方式維持最佳雪況 | 適合初心者 |
| 塩原 HUNTER MOUNTAIN | 栃木縣 | JR 那須塩原站或東武日光線鬼怒川溫泉站轉乘接駁巴士（車程 1 小時） | 首都圈最大規模 | 從東京可當日來回的人氣滑雪場，特別受年輕族群喜愛 | 適合初心者 |
| エーデルワイススキーリゾート | 栃木縣 | 東武日光線鬼怒川溫泉站轉乘接駁巴士（車程 40 分鐘）※ 巴士要事先預約 | | 適合親子闔家歡樂；場地適合初心者學習、磨練技術 | 適合初心者 |
| たんばらスキーパーク | 群馬縣 | JR 上毛高原站轉乘接駁巴士（車程 50 分鐘）※ 巴士要事先預約 | | 位處海拔高之地，有雪質良好的乾雪；有許多適合初心者的滑雪道，初學者和小孩都可以安心滑雪 | 適合初心者與中級者 |

# 北海道

雖說北海道是個四季皆宜的旅遊勝地，春夏秋冬不同面貌有著截然不同的魅力，但春天的櫻花、夏天的新綠與繽紛花田或是秋天的楓紅，都比不上冬季的銀白世界。

北海道位處全日本最北端，氣候最為寒冷，北端的鄂霍次克區域如網走最低溫可達零下 20 度（歷史上曾經觀測到最低溫為零下 40 度）。北海道全區冬季都容易降雪，不過靠太平洋的道東一帶雪

以上分別是富良野冬季和夏季的樣貌

量較少、晴朗的日子較多;日本海側的其餘地區降雪量較大,甚至也有暴風雪的可能。

對於住在不常降雪的地區的日本人而言,冬季的北海道隨時隨地都能賞雪、玩雪,有莫大的吸引力。冬季遊北海道,除了體驗滑雪以外,其他也有不少「冬季限定」的活動或是景色。

冬季來到北海道,四處都可以賞雪。除了著名的滑雪勝地 TOMAMU、二世

富良野王子飯店內，位於森林裡的咖啡館「森之時計」。此為日劇「溫柔時光」的拍攝地點。
上下分別為冬季和夏季的不同景致。

谷以外，也可以嘗試走訪富良野、美瑛、函館等地。雖然富良野最著名的季節是夏季的薰衣草花季，但冬天鋪上一片白雪的大地又是不同景致。


## 旭山動物園——來看企鵝雪地散步

**熱門度**：☆☆☆☆

**推薦度**：☆☆☆☆☆

**交通**：JR「旭川」站轉乘公車至「旭山動物園」站下車。往旭山動物的公車從旭川站北口東側6號巴士站牌發車，40、41、42、46、47皆可搭乘，其中40、41、42、47會停在動物園正門前，40、46則是下車後需走400公尺左右才會抵達正門。若是擔心下錯站，可以考慮搭乘42，這條路線是直駛旭山動物園中途不停靠。車程大約40分鐘，車資大人440日圓、兒童220日圓。（以上資訊為2016年2月的最新資料，若有變更請參照官方最新資訊。）

**建議停留時間**：3～4小時

**門票**：大人820日圓／中學生以下無料

**冬季開放時間**：（冬季開園11月至4月）10:30～15:30，最後入園時間為15:00。往年年末年始會有數日休園日，詳細日期請參照官方公告。

①這是旭山動物園的經典畫面之一──宛如在天上飛的企鵝。

②在木架上休息的小貓熊,旭山動物園的設計讓小貓熊可以在遊客頭頂上的木架穿梭遊走。

③旭山動物園另一個招牌,北極熊。可以從非常有魄力的角度觀賞。

旭山動物園乘著 1960 年代日本地方都市動物園的興建熱潮,於西元 1967 年開園,1970 年代至 1980 年代是旭山動物園的輝煌期,全年入園人數最高達 59 萬以上;然而 1990 年代包蟲病侵襲旭山動物園,不少動物相繼病死,因為是會傳染給人類的寄生蟲病,入園人數原本就已經再往下掉,這個事件一發生更是讓旭山動物園進入了寒冬期。

儘管多數人都不看好旭山動物園的未來,但在園方的努力之下,旭山動物園奇蹟似地復活,由一般動物園的「形

態展示」（以呈現動物的姿態為主）轉變為「行動展示」，運用不同的空間設計與各種活動，讓觀者可以窺探到動物的生活與日常行動。主張讓動物們可以在接近原始生活方式的環境中成長，讓動物園不只是一個一個關著被觀賞的動物們的牢籠。

### 冬天就是要來旭山動物園看企鵝在雪地散步 ——————

旭山動物園冬季著名的活動「企鵝散步」，也是園方貫徹「行動展示」理念而規畫出來的。最初只是想讓企鵝在冬天多活動，改善牠們運動不足的問題，但是企鵝在雪地散步那可愛的模樣大受遊客歡迎，因此成了每年冬季固定舉行的活動。

每年大約 12 月中下旬至三月中旬積雪消散為止，分別於上午和下午各舉辦一次，由園區的飼養員帶領，繞企鵝館附近一帶一周。因為提倡讓動物保有原始的生活姿態，旭山動物園並不會強迫每隻企鵝都一定要出來散步，當天活動開始時如果有企鵝不願意出門，園方也不會強制。企鵝散步的路線雖是固定的，但是為了讓牠們可以自在地行走，整條路線不會拉線隔離遊客和企鵝，遊客更要高度地自制，不可以伸手去摸企鵝，以免嚇壞牠們。

當然，冬天的旭山動物園不只有企鵝散步，也可以看到其他動物在雪地生活的模樣。

### 大朋友小朋友都喜愛的旭山動物園號 ——

有些人會選擇住在旭川，由旭川來回旭山動物園，但有更多的遊客是從札幌前往。

從札幌出發的遊客，如果正好碰上運行日，千萬不要錯過可愛的彩繪列車「旭山動物園號」。暑假期間7、8月幾乎每天行駛，但九月以後僅假日行駛，2、3月的行駛日更是少，全車指定席的超人氣主題列車，想搭的話務必提早至JR北海道的官方網站查詢時刻表確認班次，但網路上無法預定旭山動物園的車票。只能在窗口劃位，想搭的旅客只能一抵達日本就趕緊預訂，以免向隅。

## 網走──賞流冰不用到南北極

**全長**：☆☆☆

**推薦度**：☆☆☆☆

**交通**：

1、流冰破冰船：由JR「網走」站轉乘巴士至「碎冰船のりば」。

2、不搭船的選擇：搭電車至JR「北浜」站或自駕前往能取岬。

**建議停留時間**：2～3小時

**破冰船料金**：大人3300日圓／小學生1650日圓

網走位於北海道北端，緊鄰鄂霍次克海，冬季流冰從中國大陸和俄羅斯一路南下流至網走。想要欣賞流冰，不用大老遠跑去北極，在北海道就有機會看到。流冰的季節是1月至3月，2月中旬至3月上旬是最佳觀賞期，有最大的機率可以看到流冰。

流冰並不是季節間隨時都看得到，聽說有人連續十年在冬季造訪網走，仍未看見一次流冰。

直到2016年為止，JR流冰小火車從網走到知床協里站間行走，遊客可以坐在小火車上，沿著海岸欣賞流冰；但因為車輛老舊無法再服役，JR北海道決定取消流冰小火車。

若想要觀賞流冰，除了搭乘破冰船以外，會自駕的話，能取岬是網走最有名的賞流冰景點。若要仰賴大眾運輸，JR 北浜站是最佳選擇。車站就建在海岸邊，號稱距離流冰最近的車站。車站旁還有展望台，可以從高處俯瞰流冰海。

除了破冰船以外，也可以嘗試「流冰 WALK」，由導覽員帶隊，體驗漫步在流冰上的感覺。

## 札幌雪祭──冬季限定的藝術品

**全長：**☆☆☆

**推薦度：**☆☆☆☆☆

**交通：**

1、札幌會場：由JR「札幌」站步行10分鐘或轉乘札幌市營地下鐵「大通」站下車

2、すすきの會場：札幌市營地下鐵「すすきの」站

**建議停留時間：**2小時

**祭典日期：**每年2月上旬，為期一周。（大約是2/5～2/11）

札幌雪祭是北海道最大規模的祭典，也是日本全國冬季最盛大、熱門的祭典。

札幌雪祭，最初是從小學校發起的學校活動，後來市民們也漸漸開始在大通公園一帶堆起雪人，札幌市的國高中美術科學生們在老師的指導下做了六座雪像，成了最初的雪祭。

後來規模越來越大，不只學校，企業團體也加入，甚至海外機構也來共襄盛舉，漸漸發展成享譽國內外的大規模祭典活動。札幌市區最主要的會場在大通公園，每年都有上百座雪像、冰雕。另外在すすきの也有較小規模的雪祭，作品以冰雕為主。夜間會搭配點燈，能欣賞到有點奇幻風情的雪像冰雕。

另外還有一個つーどむ會場，有廣大的滑雪台，以親子遊樂為主。

# 北海道美食

北海道的美食實在太多了，海鮮新鮮甜美、蔬菜香甜、大自然孕育下的豬肉牛肉也是味美難忘。來到北海道，應該嘗試的美食太多了，但能吃的有限，有什麼必吃的呢？

必吃一：來北海道就是要吃「海鮮」不然要吃什麼？

來到北海道，沒有去朝市吃一碗海鮮丼，不要説你來過北海道。札幌市區有幾個朝市，距離狸小路不遠的「二條市場」，位在市區熱鬧地帶，交通方便，適合時間不多、交通不便的旅人。

若是稍有一些時間，則建議前往「中央卸賣市場 場外市場」。交通沒有二條市場便利，最近的車站是JR「桑園」站，要步行10～15分鐘。但如果前一晚住在札幌市區，可以請市場的店家來飯店接送。（大部分飯店都會有場外市場的傳單，可以請飯店代為預訂接送）

除了札幌以外，其他許多地方也都有朝市，個人強力推荐函館的朝市，物美價廉，CP值極高。

▌場外市場的「北のグルメ亭」綜合海鮮丼，要價3000日圓

▌函館朝市「あけぼの食堂」，甜蝦、上等鮭魚加上馬糞海膽，一碗只要2000多日圓。

必吃二：這裡才吃得到這一味──「湯咖哩」

來到北海道，另一個不能錯過的美食就是湯咖
哩。湯咖哩。顧名思義，就是湯湯水水的咖哩，
和一般濃稠咖哩不同。吃法有點類似沾麵，挖
一口飯浸在湯汁裡，將白飯用咖哩湯汁泡得濕
潤，然後搭配料吃。湯咖哩的一大特色是取用
多種蔬菜，不像一般咖哩只有幾塊紅蘿蔔或洋
蔥，你可以在湯咖哩中看到大量的蔬菜，並且可以自由選擇辣度，如果稍微敢吃一
點辣，建議辣度從 2 或 3 起跳，才能夠品嘗到湯咖哩最正統的美味。

北海道的湯咖哩發祥自札幌，在札幌有無數間湯咖哩專賣店，路過札幌時，別忘了挑
一間來吃吃看。這個可是在其他地方不容易吃到，濃縮了北海道各種食材的美味。

カレー食堂　心

札幌本店地址：北海道札幌市北区北 15 条西 4 丁目
　　　　　　シティハイム N15

交通方式：從札幌車站步行約 20 分鐘

每人平均價位：1000 ～ 1500 日圓

招牌：雞腿湯咖哩，980 日圓


カレーのふらのや

地址：北海道富良野市弥生町 1-46

交通方式：從富良野車站步行約 15 分鐘

每人平均價位：1000 ～ 1500 日圓

# 東北地區

除了北海道以外，東北是另一個可以充分感受到冬季氣氛、欣賞白雪大地的地區。

## 岩手縣——山海交織出豐富的大自然風貌

岩手縣是日本 47 都道府縣中，繼北海道之後佔地第二廣大，全縣人口七成以上都聚集在北上盆地，縣境內盆地、丘陵、山地多，東側又面向太平洋，山與海交織出豐富而雄偉的大自然面貌。

舊盛岡銀行

盛岡是縣廳所在地，岩手縣的中心、最繁忙的街道，但在現代化的街巷之中，還是可見城下町風情，如明治時期建造的紅磚瓦建築「舊盛岡銀行」、中津川沿岸漂著濃濃古老風情的「紺屋町」、中津川上被列為國指定文化財的橋柱「青銅擬寶珠」等等。

## 水墨畫的世界：岩手縣猊鼻溪

**全長：**☆☆☆

**推薦度：**☆☆☆☆☆

**交通：**JR大船渡線「猊鼻溪」站下車步行約5分鐘

**建議停留時間：**2小時

**遊溪渡船：**1.5小時，大人1600日圓／小學生860日圓／3歲以上幼兒200日圓；冬天渡船第一班為9:30出航，最後一班為15:00。每個整點有一班船。

猊鼻溪被列為日本百大名景，同時也和嵯峨溪、耶馬溪並列為三大名溪，一年四季展現不同的風貌。春天櫻花點綴、夏天溪流潺潺、秋天染上紅葉的衣裳，各有各的色彩與魅力；冬天的猊鼻溪，白雪覆蓋下，搖身一變為水墨畫一般的世界，那般景緻是其他季節所無法描繪出來的。

猊鼻溪全長 2 公里，要遊覽猊鼻溪，最好的方式就是搭木舟，從 JR 猊鼻溪下車，步行 5 分鐘可抵達乘船處。船程一趟約 1.5 小時，木舟會帶你遊覽整段猊鼻溪的景致，冬天的船會加鋪屋頂，並設有暖爐，不用擔心被室外的寒冷影響欣賞美景的興致。

猊鼻溪兩岸都是石灰岩壁，歲月侵蝕下，各個形成一幅幅壯麗的風景。

出口處的峽谷有一個狀似獅鼻子的鐘乳石，「猊」意為獅子，這個獅子鼻正是這條溪名字的由來。

搭上木舟，開始遊溪之旅，出發沒多久就會在右手邊看到猊鼻溪的名景點之一「鏡明岩」。平靜的水面宛如一面鏡子輝映出岩壁清晰的倒影，因而將此塊岩壁暱稱為「鏡岩」。

「凌雲岩」也是猊鼻溪上常被拍攝為風景明信片的一塊岩壁，初夏時溪上飄著淡淡的川霧，讓整座岩壁宛如浮在雲端上一般，因而得名。

凌雲岩的對面、溪流中段右側可見一個小供奉箱，這是「毘沙門窟」，裡面供奉著毘沙門天，木舟行經毘沙門窟時乘客可以嘗試拋錢進去奉納箱，並誠心許下願望。

離開毘沙門窟不久後可以看到一片林間溪谷，這是「古桃溪」，名字源自陶淵明的《桃花源

▌明鏡岩

①｜②
┈┈┈┈
　｜③

①古桃溪　②毘沙門窟　③夫婦岩

記》。冬季不見溪流，溪谷岩石被白雪覆蓋，彷彿也把夏日的潺潺溪流聲冰封起來，只留白雪寧靜地散落一地。

溪流中後段在轉彎處相對望的兩岸岩壁「少婦岩」和「壯夫岩」是猊鼻溪的代表景色。隨著木舟漸漸靠近，兩片岩壁也彷彿往彼此靠近、依偎，因此合起來稱為「夫婦岩」。

穿過夫婦岩，木舟會在此稍作停留，乘客可以下船自由行走，欣賞猊鼻溪後段風光。位於溪流最裡邊的「大猊鼻岩」非常壯觀，一大片的岩壁陡峭往上彷彿直如雲霄。走過猊鼻橋，攬勝丘上立著小小的涼亭，從這兒回望猊鼻溪，又是另一種風貌，也可以由此更近距離地、有魄力地觀賞大猊鼻岩的壯麗。

▌大猊鼻岩

# 岩手美食

說到岩手的美食，絕不能忽略盛岡三大麵：わんこそば、じゃじゃ麵、盛岡冷麵。わんこそば碗仔蕎麥麵是用紅色的小碗裝一口份的蕎麥麵，客人吃完一口，店家就遞上下一碗，直到客人吃不下為止。關於碗仔蕎麥麵的由來，有一說是古早時代岩手山村的人家，常常在稻田耕種與收割之時或是冠婚葬祭時，地主會邀請村人到家中，而一次要準備近百人份的食物並不容易，因此就想到了用小碗裝一小份的吃法，新的蕎麥麵煮好後再讓沒吃飽的人續碗。這個習俗被流傳下來，現在在盛岡市區可以找到不少提供碗仔蕎麥麵的餐廳。

じゃじゃ麵則是炸醬麵，是由一位戰前移居至中國東北的料理人以中國東北的炸醬麵為基礎，用上日本食材、改良成適合盛岡人口味的じゃじゃ麵。じゃじゃ麵有一個和中華炸醬麵不一樣、達人才懂得的獨特吃法：吃到最後剩下一點麵，打入一顆蛋，然後加上湯汁，以雞蛋湯麵的方式品嘗最後一口。在盛岡吃じゃじゃ麵時不妨嘗試一下。

盛岡冷麵則是改良自韓國的冷麵，湯底採用牛肉湯與泡菜，麵條則是以小麥粉取代蕎麥粉，做出有嚼勁又帶有透明感的麵條。

除了盛岡三大麵以外，全日本數一數二的民營農場「小岩井農場」位於岩手縣雫石町，在岩手市區也都可以買得到小岩井農場出品的餅乾、起司等乳製品，是非常適合送人的伴手禮。

## 山形縣——以山為主、豪雪地帶多

山形縣是個山地比平地還多的縣，全縣八成以上都是山地。縣名的由來有兩個說法，一個說法即為此縣以山地居多而被稱為「山方」（音同山形的日文），另一說為意指此地屬鄉下地帶的「山県」（音近山形的日文）。不論是哪種說法，由名字便可窺知全縣被山地包覆之事實，同時山形西臨日本海，冬季全縣有九成以上的地區都是豪大雪地帶，冬天下雪日多、晴朗可見陽光的日子極少。

貫穿山形縣中央的河川為「最上川」，全長 229 公里，為僅流經一個都道府縣的河川中最長的一條。山形縣大半居民居住於最上川沿岸，因此最上川也被山形縣民稱為母親之河。

說起山形縣的特產，最有名的無非是高居全日本第一產量的「櫻桃」，其他如西洋梨和米也是山形縣的名產。料理方面，有和松阪牛、神戶牛、近江牛並列為日本四大和牛的「米澤牛」以及蕎麥麵。山形市天童的將棋則是被國家指定的傳統工藝品，全日本絕大多數的將棋都是在此生產製造。

## 藏王

位於山形縣藏王連峰中腹的藏王是歷史悠久的溫泉鄉,據稱有千年以上的歷史,是奧羽三高湯中最古老的溫泉。藏王溫泉為硫磺泉,被認為有軟化皮膚角質、治皮膚病的功效,因而也被暱稱為「美人湯」。藏王溫泉的酸度和湧出量放眼日本全國都是數一數二的,一年四季都有許多旅人為其優良的泉質慕名而來。漫步在溫泉街上,也可見溫泉水川流在溪谷之間。

### 世界級稀有景觀——山形縣藏王樹冰

　　**熱門度**:☆☆☆☆

　　**推薦度**:☆☆☆☆

　　**交通**:由JR「山形」站前的公車轉運站搭乘往「藏王溫泉」的
　　　　　巴士,車程約50分鐘,在終點站「藏王溫泉」下車,步
　　　　　行10分鐘至藏王纜車山麓站,搭乘纜車至「地藏山頂」
　　　　　站(中間要在「樹冰高原站」轉乘一次纜車),即可抵
　　　　　達樹冰原。

**建議停留時間**：2〜3小時（此建議時間為從藏王溫泉巴士站出發開始起算的建議時間）

**交通費**：山形站至藏王溫泉的巴士單程1000日圓，纜車來回票1500日圓。巴士站亦有販售巴士與纜車的優惠套票，要搭纜車上山看樹冰的話成套購賣較划算。

藏王除了溫泉有名以外，冬季一來臨便搖身一變為滑雪勝地。而這個季節，除了滑雪以外，滑雪場的山頂還藏著一片世界級的奇景：樹冰原。

大自然的藝術品「樹冰」是每年冬季可在日本東北奧羽山脈一帶見到的奇觀。一棵棵被冰雪覆蓋的針葉樹，遠看宛如從雪中竄出的怪獸，也被暱稱為「SNOW MONSTER」。

樹冰的形成需要某些特定的氣候條件，全世界能欣賞到這大自然藝術品的地方並不多，東北最鼎鼎有名的樹冰就屬山形縣藏王滑雪場裡的樹冰原。

樹冰的形成條件為在大約 -5°C 以下被過冷卻的水滴在枝葉上著冰，形成一

條條像蝦子尾巴的冰柱,再被大量的雪片覆蓋,如果氣溫夠低,著在枝葉上的冰雪就會附著成形,長成一棵棵樹冰雪怪。

雖然東北地區大約十一月就會開始下雪,但樹冰要開始形成得一直到十二月中下旬,一般認為一月中下旬以後至二月為樹冰最佳鑑賞期,要到這個時節才能看到壯觀的樹冰群。只是一、二月天氣較不穩定,晴朗的日子少之又少,一個禮拜可能有五六天都是陰雨飄雪的日子,山頂視線差,想在藍天襯托下欣賞雪白的樹冰可說是可遇不可求。十二月氣候雖較穩定、晴朗的日子比一、二月多,但此時大部分樹冰還沒有完全形成,看不到「雪怪」樹冰。

一般建議如果行程安排上有緩衝空間,可以挑天氣晴朗的日子上山;只是山下、山形市區晴朗,藏王山上也不一定是好天氣,有時候藏王山腰藍天白雲,高原山頂卻還是吹大風雪。若想要在晴朗的藍天下欣賞樹冰,行程要有很大的彈性,可能還需要一些運氣。

### 冬季限定的肅蕭靈地——山形縣山寺

> 熱門度:☆☆
>
> 推薦度:☆☆☆☆
>
> 交通:JR仙山線「山寺」站下車步行約6〜8分鐘
>
> 建議停留時間:2.5〜3小時
>
> 入山料:高中生以上300日圓／中學生200日圓／4歲以上幼兒100日圓。

山寺全名為「寶珠山立石寺」,於貞觀2年(西元860年)奉清和天皇敕願所建。日本著名詩人松尾芭蕉曾與弟子由江戶(即現今的東京)出發,走訪東北北陸,沿途寫下諸多俳句集結成「奧之細道」,其中也包括了書寫山寺的名句:「閑さや

照片提供：東北觀光推進機構

岩にしみ入る蝉の声」，意為山林閑靜，蟬聲聲聲滲入岩石裡。

第一次造訪山寺是在春天櫻花盛開時，攀上山頂的五大堂，俯瞰山麓，翠綠田野間偶有櫻花點綴，壯觀中帶有秀麗的景緻瞬間掃去了一連攀爬千餘階梯的疲憊。

2016 年冬季，在雪花紛飛的時節，二訪山寺。披上雪白衣裳的山寺，呈現和記憶中完全不同的面貌。埋在白雪裡的石燈籠、白雪披覆地石造鳥居、一間間被雪鋪蓋的寺廟和靈堂，冬天的山寺有著一股難以言傳的肅蕭感。

在雪花紛飛之下，我一階階地向山頂邁進，越往上爬越有股遠離塵囂的感覺。銀白世界的山寺，比其他季節多了一分空靈和寂靜。

冬天沒有蟬叫，但白雪覆蓋的山林更顯萬籟俱寂，雖然沒有蟬聲，卻更能感受那個寂靜到聲音都要滲進石頭裡的空靈。

以正常的腳程遊山寺，來回約 2 小時左右；但冬天山路積雪，加上部分路段甚至會結成冰，並不好行走。不夠防滑的鞋子會讓你踏一階滑 2步，下山時更要留意，一不小心很容易滑倒。因此冬天造訪，建議多估些時間，注意安全，慢慢地登上山頂，瀏覽山寺。

## 銀山溫泉鄉──古典風情的銀白世界

**熱門度：** ☆☆☆
**推薦度：** ☆☆☆☆
**交通：** JR奧羽本線「大石田」站下車轉乘往「銀山溫泉」方向的公車，終點站下車，車程約40分鐘。
**建議停留時間：** 至少1.5～2小時

▎溫泉街走到底有座瀑布，冬天結冰景致非常美麗

這裡原是江戶時代的大銀山「延澤銀山」，進入明治時代後，銀山衰退，加上位處深山地帶交通不便，人口驟減。僅有為「湯治」慕名而來的少量客人。（湯治是指透過溫泉泉質的療效治療疾病）當時交通未開發，從奧州街道進入銀山溫泉一帶，路線距離僅 12 公里，行車卻要花上一整天的時間。

到了大正時代，銀山川的洪水沖走了大半的溫泉旅館，溫泉湧量也受到影響，銀山溫泉進入了一段落寞與復興的時期。

銀山溫泉再復興起來要到昭和初期，溫泉湧量計漸恢復、旅館開始重建，山間車道也興建起來，漸漸發展成溫泉鄉，爾後新幹線的開通更是帶來了大量的觀光客，讓原先深居山間、不為世間所知的祕湯搖身一變為人氣的觀光勝地。

踏入銀山溫泉街，彷彿走入時光隧道。溫泉街兩側林立的建築物都是在大正時代至昭和初期間興建，因此整條街宛如被封存在大正時代，漂著一股懷舊的浪漫風情。日本國民劇「阿信」，是銀山溫泉聲名大噪的最初契機，阿信的母親曾在這兒工作；近年，位於溫泉街底端的「能登屋」是宮崎駿動畫神隱少女中，千尋曾待過的油屋原型，此說更是大大增加了銀山溫泉的名氣，吸引許多海內外遊客來訪。

最浪漫的時刻是暮色低垂，街道上油燈點亮之時。部
分民宿和溫泉旅館有經營「日帰り入浴」，不住宿，
僅泡溫泉、當日來回。但如果有時間的話，也有許多
人為了好好品味溫泉鄉的浪漫，選擇在這裡住上一晚。

若是有住宿，大多數的旅館、民宿都有提供來往 JR 大
石田站的接駁服務，訂房時可以順便和旅館確認。當
日來回的遊客可以搭乘路線公車，一天有 5、6 班往返，
最晚一班由銀山溫泉返回 JR 車站的公車於傍晚 6 點左
右發車，冬天時節，不到 5 點就日落，不過夜也有足
夠時間欣賞夜晚點起一盞盞燈火的浪漫古街。

TOMOKO私心推薦

# 山形美食

山形有不少美食，喜歡攻略「B級グルメ」（小吃類型的在地美食）的話，蕎麥麵和山形冷麵都是必吃美食；如果有多一點的預算，想吃點不一樣的美食，日本四大和牛之一的「米澤牛」不容錯過。

米澤市有許多米澤牛的老店，如果沒有時間專程跑去米澤品嘗美味也不要灰心，山形市區也可以吃到米澤牛，山形車站旁的美食館就有一間開業30餘年的山形牛　米澤牛的專賣店。山形車站旁巴士轉運站的二樓有兩間吃得到山形牛和米澤牛的餐廳：同時有牛排、涮涮鍋和壽喜燒可以選擇的「米沢牛の案山子」，以及專營燒肉的「かかし」。如果打定主意就是要吃米澤牛的話，去「米沢牛の案山子」就對了，可依個人喜好選擇料理方式，不論是燒烤牛排或是鍋物，肉品清一色都是米澤牛。午餐時段有比較優惠的午間套餐。

以燒肉為主的「かかし」提供的則是「山形牛」，有沙朗牛排也有菲力牛排，還有其他一般燒肉店都會具備的肉品、食材。和「米沢牛の案山子」一樣午餐時段亦有優惠套餐，例如要價2380日圓的山形牛排丼飯或是1340日圓的山形牛牛五花定食等。另外，還有平日限定的「牛五花吃到飽」，限時1.5小時，一個人只要1100日圓，雖然用的不是山形牛而是外國產的牛肉，但是比定食還要便宜的價格，對想要大啖牛肉的人來說，想必是個難以抗拒的選擇。

山形牛雖然沒有米澤牛「夢幻」，卻也是等級3～4以上的優良和牛，和米澤牛同屬山形出產、日本全國知名的名牌牛肉。山形牛算是山形縣產的名牌牛的總稱，米澤牛則是這些山形名牌牛中標準最嚴苛、最頂級的一個。

米澤牛的美味祕訣在於其綿密細緻的油花，爽口而不油膩。這樣的肉質則是受惠於由群山圍繞的米澤盆地，海拔高度的落差造就了明顯的冷暖差異，再加上最上川肥沃的土壤孕育出的大豆、小麥、玉米等優質的食糧，在畜產農家細心的照料下，養出一頭頭提供頂級肉質的米澤牛。

山形牛ステーキ＆焼肉かかし

地址：山形市香澄町一丁目16-34　東口交通センター2F

交通方式：JR山形車站徒步1分鐘

每人平均價位：（午）1000～2000日圓；（晚）4000～5000日圓

米沢牛の案山子

地址：山形市香澄町一丁目16-34　東口交通センター2F

交通方式：JR山形車站徒步1分鐘

每人平均價位：（午）1000～2000日圓；（晚）3000～4000日圓

TOMOKO私心推薦

# 冬季東北祭典

也許沒有北海道的雪祭這麼盛大、有名，但和北海道同是銀白大地的東北，在冬季也有一些很特殊，冬日才能欣賞的祭典。

なまはげ柴灯祭

所在地區：秋田縣真山神社

開催時間：每年2月第二個周五、周六、周日

特色：なまはげ是戴著像魔鬼、妖怪般可怕的面具，身著稻草編製的衣裳。原先是12/31過年的傳統習俗，在一年的最後一天挨家挨戶拜訪，告誡大人小孩要努力工作、聽父母的話等等。2月於真山神社舉辦的なまはげ祭典則是為觀光客設計，讓觀光客體驗なまはげ的傳統習俗。

▌照片提供：一般社団法人秋田県観光連盟

▌照片提供：東北觀光推進機構

▌照片提供：東北觀光推進機構

橫手雪洞祭

所在地區：秋田縣橫手市

開催時間：每年2/15、2/16

特色：雪洞最初是為了祭拜水
　　　神，並供奉神酒和餅，祈
　　　求商業繁盛、闔家平安。
　　　到了夜晚，一個個雪洞會
　　　點上小盞燈，遠遠看像是
　　　一座座燈籠。這夢幻而可
　　　愛的景致是冬季限定。

上杉雪燈籠祭

所在地區：山形縣松岬公園（米
澤城跡）

開催時間：每年2月第二個周
六、周日

特色：境內約300座雪燈籠，透
　　　過上千支蠟燭，在夜間一
　　　齊點亮，構築出特殊的冬
　　　日風情。

# 關東地區
## 日光

位於栃木縣的日光被譽為日本文化遺產的寶庫，雖然沒有古都京都來得豐富，從東京都心搭個兩小時的車即可抵達的交通便利性，小而美的日光每年也吸引了無數的觀光客前往。尤其外國遊客非常喜愛光顧日光，身為遍佈日本各地東照宮總本社的日光東照宮，以及東照宮內著名的勿視、勿聽、勿言的三隻猴子都是遊客必看的景點。

日光的歷史可以追溯至奈良時代，日光山是在八世紀時由僧侶勝道上人與一行弟子歷經 16 年的修行，登上男體山（古名二荒山，俗稱日光山）開山。日光地名的由來便是將男體山的古名「二荒」由訓讀フタラ改為音讀ニコウ，再取為「日光」二字。

日光的標高差有 2000 公尺之多，從日光車站所屬的平地一直到海拔 2500 以上的高山山頂，標高差帶來了豐富多變的大自然面貌。也因為劇烈的標高

差，儘管同屬日光地區，平地與山腰、山腰與山頂，不同區域可能是完全不同的天氣，在一天當中經歷晴天、大霧、雨天、下雪都是有可能的。

日光的二社一寺（日光東照宮、日光山輪王寺、日光二荒山神社）不僅是日光觀光的代表，也是被登錄為世界遺產的重要文化財。對從東京進出的遊客而言，無法繞去京都體驗古都風情卻還是想接觸日本的人文歷史，日光是最佳的選擇。

而日光除了東照宮等文化遺產以外，多變的山勢與地形也勾勒出變化多端的美景，春季的櫻花花見、秋季的楓紅，都是日光熱門的觀光季。寒冷的冬季，較少人選擇在這個時節造訪日光，然而冬季的日光隱藏了這個季節才能見得、令人嘆為觀止的美景。

## 冰雪封凍的日本三大瀑布之華嚴瀑布（栃木縣日光）

**熱門度**：☆☆
**推薦度**：☆☆☆☆
**交通**：JR日光線「日光」站或東武鐵道東武日光線「東武日光」站下車轉乘公車，東武巴士中禅寺溫泉行「中禅寺溫泉」站下車徒步約5分鐘
**建議停留時間**：1～1.5小時

覆蓋在白雪中，支流結成一根根冰柱，壯麗的華嚴瀑布是冬季限定的奇景。

華嚴瀑布被譽為日本三大名滝，和茨城的袋田瀑布、和歌山的那智瀑布並列為TOP3的瀑布。華嚴瀑布的特色是高度差近100公尺，源自中禪寺湖的水直直落下，蔚為壯觀。

搭巴士在中禪寺溫泉站下車後，左轉會往中禪寺湖的方向去，右轉則會通向華嚴瀑布。

從公車站步行約五分鐘即會來到華嚴瀑布，預算有限的人，可以在不收費的眺望台欣賞瀑布，這兒高度大約與瀑布上段平行。

有時間的話，不妨付費搭華嚴滝エレベータ，搭乘電梯到瀑布的底端，由下而上感受瀑布直落而下的氣勢。搭乘費用為中學生以上 550 日圓，小學生 330 日圓，小學生以下無料。瀑布底端的展望台可以更完整地欣賞華嚴瀑布與整片山谷。

一二月，天候夠寒冷時，可見冰柱─凍結的瀑布細流

# 冬季限定的光之饗宴

夏季是日本最熱鬧的季節，各地都有祭典、廟會。冬季的日本，雖然沒有廟會，但也有這個季節限定的慶典：燈飾。

日本各地搭配聖誕節，會在12月裝起燈飾，到了夜間就可以走在燈海裡，欣賞光之饗宴。關西最有名的燈飾是神戶三宮站附近近1公里的光之迴廊。關東地區也有很多燈飾，東京市區的MIDTOWN、丸之內、或者郊區的德國村等都是熱門的景點。

特別推薦東京汐留的CARETTA和神奈川縣相模湖的PLEASURE FOREST的燈飾。

*CARETTA 汐留*

交通方式：東京地下鐵　JR「新橋」站徒步5分鐘、都營地下鐵「汐留」站徒步1分鐘

點燈期間：2015年為11/19～2/14，18:00～23:00點燈

東京市區的燈飾多半過了聖誕節就收起來，部分會等過了新曆新年後再收，CARETTA汐留是東京都少數一直撐到情人節的燈之慶典。2015年的主題是「仙履奇緣」，藍色的燈海打造出童話故事般的夢幻世界。

相模湖 PLEASURE FOREST ILLUMINION

交通方式：JR中央本線「相模湖」站下車轉乘往「三ヶ木」的巴士，「プレジャーフォレスト前」下車。車程約10分鐘。

點燈期間：2015年為10/31～4/10，17:00～21:30

從東京搭電車前往，需時1小時，交通尚稱方便。相模湖的燈之祭典號稱關東最大規模，共計550萬顆以上的彩燈交織出熱鬧、壯觀的燈海。園區占地廣大，全部走完一圈要1～2小時。每年都會設計不同的大主題，例如2015年以英國為主軸，用彩燈搭起白金漢宮、大笨鐘，園區內會再細分成不同主題，如光之花海、光之海洋、光之宮殿等等。搭個纜車往上，山頂園區還有湖，可以欣賞與水面相映襯的光海。

# 北陸地區

## 岐阜縣

岐阜縣位於日本中心位置，是日本少數沒有靠海的內陸縣之一。縣南為美濃地區、縣北為飛驒地區，知名的觀光景點白川鄉合掌村即位處飛驒地區。還有位處岐阜縣和長野縣的下呂溫泉和有馬溫泉、草津溫泉並列為日本三大名泉。

岐阜縣的紀念品中，最經典的就是「さるぼぼ」小人偶。

ぼぼ是飛驒方言，意思是小嬰兒，さる是猴子，與離去的日文（去る）同音，有厄災消散之意。是個趨災招福的吉祥物，因此許多人來到岐阜縣旅遊，都會買隻さるぼぼ，自用送人皆宜。

## 走進童話故事薑餅屋 —— 岐阜縣白川鄉合掌村

**熱門度**：☆☆☆☆☆

**推薦度**：☆☆☆☆☆

**交通**：名古屋、高山、高岡、金沢、富山車站都可轉乘高速巴士前往白川鄉。從名古屋和高岡站出發較花時間，單趟車程2～3小時。一般遊客最常採用的路線是搭JR至高山站轉乘高速巴士，一天有12班車次往返、車程50分鐘，班次最多且車程最短。

在終點站「白川鄉」下車，可以步行遊覽合掌村聚落。若要前往展望台，由山腰俯瞰聚落，可在餐廳「白水園」南側搭乘接駁小巴，九點至下午四點每20分鐘一班車，單趟車資200日圓。

**建議停留時間**：2～3小時

被列為世界文化遺產的白川鄉合掌村位於岐阜縣飛驒地區的深山裡，冬季大雪紛飛、積雪深厚，在這樣的天候下，屋頂以45～60度的傾斜角度建造，以便積雪落下。一個個向上傾斜的屋頂遠看像是一個個合十的手掌，因此這種建造方式被稱為「合掌造り」，白川鄉的村落也就被暱稱為「合掌村」。

白川鄉是個家戶鄰居關係緊密的村落，許多都是代代相傳經營農作或其他家族事業。合掌屋頂每30～40年需替換修補一次，這浩大的工程也是全村民共同響應，大夥齊心將舊的茅草撤下再鋪上新的一層。每年九月底至十月，為了歡慶五穀豐收、闔家平安，白川鄉會舉辦「どぶろく祭」。どぶろく意為濁酒，是當年冬天就開始製作並埋於白雪之下，在神社的酒庫裡釀造發酵，一直到秋天才被取出來，在祭典上用作為神酒。濁酒同時也會分發給所有到場的人，從整個祭典的進行也可以看出村落居民間緊密的繫絆。

白川鄉合掌村一年四季都有不同的美，春天有櫻花點綴，夏天的白川鄉披上新綠的衣服，秋天有紅葉點綴，冬天則是在白雪覆蓋下化身成童話世界的小鎮。

積著白雪的合掌屋，遠遠眺望像極了鋪上糖霜的薑餅屋，冬天漫步在合掌村，彷彿走進童話世界。

一月底到二月，如果交通允許，甚至可安排在白川鄉住上一晚，還可以欣賞夜間點起燈的合掌村。不過冬季點燈期間白川鄉的住宿非常搶手，為了避免向隅，建議盡早訂房，才有機會看到夜幕低垂後在燈火中閃耀而浪漫的薑餅屋。

除了在村落裡漫步欣賞一座座合掌屋以外，也別錯過由山腰俯瞰山谷的景致。從白川鄉可以搭乘接駁小巴前往「城山展望台」，由此可以盡覽整個村落，俯瞰一座座小巧可愛的薑餅屋。

## ◎白川鄉巴士一覽表

| | 高山 | 名古屋 | 高岡 | 金 | 富山 |
|---|---|---|---|---|---|
| 巴士公司 | 濃飛巴士/<br>北陸鐵道 | 岐阜巴士 | 加越能巴士 | 濃飛巴士/<br>北陸鐵道 | 濃飛巴士/<br>富山鐵道 |
| 每日班次 | 12班往返 | 2班往返 | 5班往返 | 8班往返 | 3班往返 |
| 車程 | 約50分 | 約3小時 | 約2小時 | 1小時15分 | 約1.5小時 |
| 車資 | 單趟2470<br>來回4420 | 單趟3600 | 單趟1800<br>來回3500 | 單趟1850<br>來回3290 | 單趟1700<br>來回3060 |
| 備註 | 可預約 | 需預約 | 無須預約 | 需預約 | 需預約 |

以上資料為 2016 年 2 月的資訊，內容可能有異動，最新資訊請以各巴士網站為準。

## 北海道

### 雪之國度五日精華版

**DAY 1** 札幌：大通公園、薄野雪祭

**DAY 2** 札幌→富良野→（可走訪白雪覆蓋的薰衣草田、富良野新王子飯店森之時計）→夜宿旭川

札幌至富良野車程 2 ～ 3 小時；
富良野秩旭川車程約 70 分鐘

若行程允許亦可停留美瑛

**DAY 3** 旭山動物園→移動至網走，夜宿網走市區

旭川至網走車程約 4 小時

**DAY 4** 網走流冰之旅

可報名破冰船或流冰 walk，近距離欣賞流冰

**DAY 5** 網走→札幌→返台

如果返台班機早，亦可在前一天就搭車返回札幌。

網走至札幌車程 5.5 ～ 6 小時

**東北 + 關東**

## 盡覽雪國奇景七日遊

**DAY 1** 東京→山形
如上午即抵達東京,至山形後尚
有時間可走訪山寺
東京至山形新幹線車程近 3 小時

**DAY 2** 藏王樹冰→夜宿銀山溫泉
山形車站至藏王車程約 50 分鐘;
山形市區至銀山溫泉約 1.5 小時

**DAY 3** 銀山溫泉→岩手猊鼻溪→夜宿岩手
銀山溫泉至猊鼻溪車程約 3 ~ 4
小時

**DAY 4** 岩手→日光華嚴瀑布→東京
岩手至日光,新幹線轉乘在來線
車程約 3 小時
夜宿東京,晚上可欣賞耶誕燈飾

**DAY 5** 東京→高山→白川鄉
東京至高山車程約 4 小時
可安排夜宿白川鄉

**DAY 6** 白川鄉→東京→相模湖

**DAY 7** 返台日

如只有五日,亦可刪減北陸白川鄉或日光華
嚴瀑布,自行調整為較短的行程。

# 後記

## 旅程之後

這本旅遊書以四季景色、大自然風景為主，你或許無法在本書中找到購物血拼的資訊，但你絕對可以挖掘出你所不知道、或者還沒去過的自然美景。

每個章節最後面都有設計推薦行程，在幫大家模擬行程的時候，我常常發現，這麼多的景點，要兜在同一次旅遊中，實在是太困難了吧！譬如說東北跟北海道都這麼大，一次要走遍我推薦的這些景點，根本一直在拉車趕行程啊。但是為了滿足某些跟我一樣很貪心的旅行者，我還是在技術上可以執行的範圍內，規劃了種種豐富的行程。建議大家如果喜歡悠閒、深度旅遊，還是從推薦行程中忍痛砍掉一些景點，給自己更多空間看看這些鄉鎮城市吧。

在日本生活的那幾年，遊歷日本47都道府縣，我深深體會到一件事情：旅遊是沒有止盡的。看過了春天的櫻花，你就會想看看秋天楓紅的樣子，看過了夏天綠油油的草原森林，你會忽然好想瞧瞧冬天白雪覆蓋會是什麼模樣。光是一個景點至少就可以去四次，欣賞不同的景觀，更不要說每一個都道府縣、每一個地區都有好多好多的景點值得一訪。於我而言，儘管旅遊次數上百次，但日本還是有許多未知的地域、許多未曾親眼見過的絕景。就讓我們一起隨著四季的更迭，遊遍日本、看遍日本各地的美景、吃遍日本各地的當地美食吧。

## TOMOKO除了是旅遊作家，同時也有在當語言老師喔！

喜歡自助遊日本的你，是不是曾經有過「要是多會一點日文就好了」的念頭呢？歡迎來參考這門線上課程，上課時間與地點不受限制，購買課程後隨時隨地都可以觀看課程，並且可以反覆觀看不限次數。

本堂課共有19個單元，內容涵蓋食衣住行與購物等自助旅遊時會碰上的場景，模擬情境教你簡單的會話，同時也教你不同情境的禮儀與文化，幫助你自助旅遊日本時更融入當地。

一起來用「簡單的日語自助遊日本」吧！

課程網址https://hahow.in/cr/tomoko-nihongo-1

日本
# 各地區特色
## 推薦季節
一覽表

【北海道】
來北方淨土親近大自然吧！
夏季──走入大自然健行
冬季──雪國風情

北海道

【九州地區】
麻雀雖小，五臟俱全
春季──賞花嬉春
夏季──登山健行

島根　　鳥取
山口　　廣島　岡山　兵庫　京都
　　　　　　　　　　　　大阪
佐賀　福岡　　　　香川　　　和歌山　奈良
長崎　　　　愛媛　　德島
　熊本　大分　高知
鹿兒島　宮崎

【中國四國地區】
小鄉鎮大山水
夏季──探訪自然祕境

## 【東北地區】
雪化粧的國度
春季──避開人潮賞櫻花
冬季──白雪點綴的大地

青森
秋田
岩手
山形
宮城
新潟
福島
石川
富山
長野
群馬
栃木
岐阜
埼玉
茨城
愛知
山梨
東京
靜岡
神奈川
千葉

沖繩

## 【關西近畿地區】
古都古道古色古香
夏季──走訪古道
秋季──古都賞楓

## 【關東北陸地區】
由首都圈輻射出去擴大遊玩範圍
春季──賞花
秋季──賞楓

## 【沖繩】
美到窒息的海
夏季──海灘、離島

# 北海道

來北方淨土親近大自然吧！

關鍵字 大自然、美食、雪之國度

### 定番／
「白色戀人」巧克力夾心餅乾、「じゃがポックル」薯條三兄弟、「六花亭」甜點、「Royce」生巧克力和巧克力薯片。

### 私心推薦／
「白いブラックサンダー」白雷神巧克力、「LeTao」起司蛋糕、利尻昆布。

札幌、富良野／
湯咖哩
P.252

札幌、函館／
朝市海鮮蓋飯
P.251

稚內／
海膽蓋飯
P.170

稚內／
宗谷黑牛
P.170

稚內

知床
網走

北海道

釧路

札幌　富良野
　　　旭川

ニセコ

函館

美景

## TOMOKO 美景美食地圖

# 東北地區

雪化粧的國度

關鍵字 白雪大地、歷史與文化

### buy!

### 美食

**青森／**
蘋果相關產品（餅乾、果醬、蛋糕等）

**山形／**
櫻桃相關產品

**岩手／**
小岩井牧場自製餅乾

**其他／**
毛豆是東北的特產，四處可見毛豆口味的產品。毛豆麻糬、毛豆巧克力、毛豆餅乾等。和甜食有著絕妙的組合。

青森／
味噌咖哩牛奶拉麵
P.82

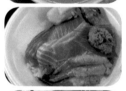

青森／
自助式海鮮蓋飯
P.82

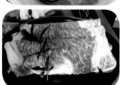

山形／
米澤牛
P.269

岩手／
盛岡三大麵
P.258

青森

秋田

岩手

山形　宮城

福島

美景

# 關東北陸

由首都圈輻射出去擴大遊玩範圍

關鍵字 由首都圈出發的各地祕境一日遊、富士山

## buy!

**東京／**
東京たまご、東京ひよ子、
YOKUMOKU

**靜岡／**
茶葉

**栃木／**
草莓相關產品（餅乾、蛋糕等）

**長野輕井澤／**
果醬

## 美食

栃木／
餃子
P.55

輕井澤／
布丁
P.224

新潟／
米、蕎麥麵
P.198

富山／
白蝦
P.226

## 美景

東京／
賞櫻、賞楓
P.32& P.199

栃木／
百歲級大紫藤
P.55

石川　富山　新潟

福井

長野　群馬　栃木

岐阜

琦玉　茨城

山梨　東京

靜岡　神奈川　千葉

## 美景

栃木／
冰封的
華嚴瀑布
P.275

# TOMOKO 美景美食地圖

# 關西近畿

古都古道古色古香

關鍵字　古都、寺廟神社巡禮

兵庫　京都　滋賀

大阪

奈良　三重　愛知

和歌山

KANSAI
CHIHOU

**buy!**

**京都／**
生八橋餅、抹茶製品

**兵庫／**
神戶布丁，號稱兵庫縣必買伴手禮

 **美食**

三重／
松阪牛
P.144

三重／
伊勢海老
P.144

**美景**

三重／
熊野古道
P.145

京都／
古都楓紅
P.206

——— TOMOKO 美景美食地圖 ———

# 中國四國

小鄉鎮大山水

關鍵字 純樸鄉野、自然祕境

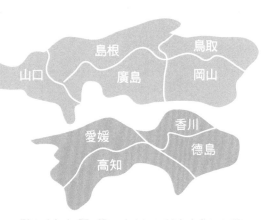

島根　鳥取

山口　廣島　岡山

愛媛　香川

高知　德島

CHUGO KUCHIHO
SHIKOKU

**buy!**

### 高知／
鰹魚是高知的特產，除了可以享用香煎鰹魚以外，也可以購買「鰹魚片」。

### 鳥取／
「二十世紀梨」是鳥取特產，可買到許多相關產品；鳥取同時也是柯南的故鄉，名偵探柯南漫畫迷可以在這兒買到許多紀念品。

**美食**

高知／
夢幻逸品之
天然鰻魚
P.139

高知／
香煎鰹魚
P.134

**美景**

高知／
最後一條清
流四萬十
P.134

鳥取／
山陰的松島
浦富海岸
P.140

TOMOKO 美景美食地圖｜297

———— TOMOKO 美景美食地圖 ————

# 九州地區

麻雀雖小，五臟俱全

關鍵字　應有盡有、春日賞花、美食之都、
世界遺產級的森林

 buy!

 美食

**福岡／**
明太子、明太子餅乾

**熊本／**
熊本熊

**長崎／**
長崎蛋糕

**宮崎／**
芒果餅乾、芒果蛋糕

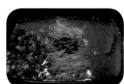
福岡／
豚骨拉麵
P.65

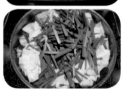
福岡／
牛雜鍋
P.65

福岡／
明太子
P.65

宮崎／
宮崎牛
P.126

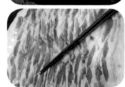
鹿兒島／
黑豬肉
P.104

佐賀　福岡

長崎　大分

熊本

鹿兒島　宮崎

美景

# 沖繩

美到窒息的海

關鍵字 夏日度假、海、離島、浮潛、混合文化

## 美食

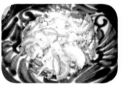

苦瓜炒蛋
P.95

海葡萄
P.95

紫芋
P.95

石垣牛
P.95

## 美景

本島／
恩納海灘
P.96

本島／
伊計島
P.97

### 定番／
紅芋塔、金楚糕（ちんすこう）

### 私心推薦／
沖繩海鹽、花型染、泡盛、沖繩風獅爺

OKINAWA

沖繩

本島／
古宇利島
P.98

離島／
石垣島
P.101

離島／
渡嘉敷島
P.99

離島／
宮古島
P.102

# 四季景點、
# 季節、節慶
## 一覽表

## 03／March

⊙二月初～三月上旬 河津櫻

　3/3 女兒節

◇三月中下旬開始，沖繩各地陸續開放海灘

◇第三週周末為日本國定假日「春分之日」，有可能產生三連休

⊙三月下旬開始，由九州開始櫻花前線，九州、四國、關東地區陸續開花

⊙三月底至四月初為九州、四國、中國、關西、關東、中部地區迎接櫻花滿開的時節。

## 04／April

⊙四月上旬至下旬，鬱金香花開期

⊙四月中旬東北地區櫻花開花，下旬迎接滿開

⊙四月中旬至五月中旬，富士芝櫻花開期

祭 4/14、15 岐阜縣高山祭

⊙四月下旬北海道地區櫻花開花、四月底迎接滿開

⊙四月下旬紫藤、粉蝶花開花，五月上旬迎接滿開

祭 山形縣天童人間將棋祭，四月最後一個周末

祭 4/29 ～ 5/3 東京都明治神宮春之大祭

　4/29「昭和之日」；黃金週開始

# 05／May

◇ 5/3「憲法紀念日」、5/4「綠之日」、5/5「兒童節」，皆為國定假日

祭 5/15 京都府葵祭

◇ 沖繩於五月中至月底進入梅雨季節；九州部分地區五月底至六月初進入梅雨季節

祭 第三周的五六日，東京都淺草神社三社祭

# 06／June

◇ 由九州至關東地區約於六月上旬至七月上旬進入梅雨季；東北地區約於六月中旬
　進入梅雨季。

# 07／July

祭 七月一整個月，京都府祇園祭

◇ 第三個周一為「海之日」，將會連著周末產生三連休

祭 7/24、25，大阪天神祭

祭 7/28、29 北海道富良野肚臍祭

# 08／August

祭 八月第一周，青森縣睡魔祭

祭 8/3 ～ 6 秋田縣竿燈祭

祭 8/6 ～ 8 宮崎縣仙台七夕祭

祭 8/9 ～ 12 高知縣よさこい祭

祭 8/12 ～ 15 德島阿波舞祭

祭 8/16 晚間，京都府如意嶽大文字五山送火

祭 8 月中旬為期一周，北海道札幌盆舞祭

祭 最後一周的五六日，沖繩全島エイサー太鼓祭

祭 最後一個周六，秋田縣全國花火競技大會

## 09／September

◇第三個周一為國定假日「敬老日」

◇23 日（或者前後一日）為「秋分日」，亦為國定假日

⊙9 月中下旬至 10 月上旬為彼岸花花期

## 10／October

◇北海道道北部分地區十月上旬開始楓紅，十月中旬至十月下旬北海道大部分
地區與東北可以賞楓。

◇十月第二個禮拜二為國定假日「體育日」

◇沖繩地區海灘開放至 10 月中下旬為止

## 11／November

◇11/3 文化日

◇十一月中旬至下旬關東、關西、中國、四國等地為賞楓期。

◇十一月中下旬開始，日本全國各地陸續有耶誕燈飾可欣賞。大多裝飾至耶誕節
過後，部分會到過完新曆年，最晚的為情人節過後才收起燈飾。

◇11/23 勤勞感謝日

## 12／December

◇十二月下中旬至三月中旬，北海道旭山動物園，企鵝雪地散步活動

◇12/23 日本天皇誕辰，國定假日，若碰上周末有可能形成連休

# 01／January

◇日本的春節年假過新曆年；1/1 元旦，1/1 ～ 1/3 為國定假日，第二個周一為「成人之日」，國定假日，會產生三連休。

◇一月中旬至二月為山形縣藏王樹冰最佳觀賞期

◇一月底至二月，岐阜縣白川鄉可欣賞合掌村夜間點燈


# 02／February

◇ 2/11 為日本建國紀念日，國定假日

◇二月上旬，北海道札幌雪祭（為期一周）

🈹 第二個五六日，秋田縣なまはげ柴灯祭

🈹 第二個六日，山形線上杉雪燈籠祭

🈹 2/15、16 秋田縣橫手雪洞祭

出國上網大問哉！
還沒跟上最夯的WiFi分享器?!

iVideo✈

(••) 出國查地圖，找景點，絕對少不了網路；怎樣才能用最少的預算，使用吃到飽，不限流量，不限速的網路呢？
WiFi

## 日本上網方案比較

|  | 電信公司漫遊 | iVideo 海外WiFi分享器 | SIM 預付卡 | 當地免費 WiFi熱點 |
|---|---|---|---|---|
| 速度 | 3G/4G | 3G/4G | 3G/或低於3G | 不一定 |
| 流量限制 | 吃到飽方案 | 4G吃到飽 3G吃到飽 | 吃到飽3天總流量 超過360M會 限速為300kps | 吃到飽 部分有限制 連線時間 |
| 特點 | 向電信公司申請 即可開通 | 台灣機場/便利商店 國內宅配 iVideo門市 皆可取還件 | 長天數更划算 | 適合上網需求小 的使用者 |
| 使用人數 | 可開WiFi分享他人 但手機較耗電 | 5-10人 | 1人 | 不限 |
| 注意事項 | ■若未選擇到真正配合的 電信業者且超出流量帳單 金額可能破萬 ■速度較慢 | ■依租借機型不同速 度和價格會有變化 ■須用行動電源充電 | 速度慢 設定複雜 | ■依提供服務的業者 可能需要帳號密碼 ■須尋找熱點位置 ■使用範圍受限 |
| 平均一日價格 | 399元/日 | 27元起/日 | 176元/日 | 免費 |

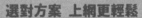
選對方案 上網更輕鬆

Wi Fi

■電信商
注意租用的機型的電信商之涵蓋範圍以確保收訊無處

■通訊技術及電量
確認適用的機型3G/4G以及待機時間和充電方式等等

■最大流量
仔細確認剩餘的流量數避免使用過量而被限速或降速

WiFi JAPAN

遊日本分享器詳情

快上官網更多好康

釀旅人29　PE0112

# 日本說走就走，絕美四季！
## ──無時不刻，出發～日本さいこう！

| 作　　者 | TOMOKO |
|---|---|
| 責任編輯 | 盧羿珊 |
| 圖文排版 | 陳佩蓉 |
| 封面設計 | 蔡瑋筠 |

| 出版策劃 | 釀出版 |
|---|---|
| 製作發行 | 秀威資訊科技股份有限公司 |
| | 114 台北市內湖區瑞光路76巷65號1樓 |
| | 電話：+886-2-2796-3638　傳真：+886-2-2796-1377 |
| | 服務信箱：service@showwe.com.tw |
| | http://www.showwe.com.tw |
| 郵政劃撥 | 19563868　戶名：秀威資訊科技股份有限公司 |
| 展售門市 | 國家書店【松江門市】 |
| | 104 台北市中山區松江路209號1樓 |
| | 電話：+886-2-2518-0207　傳真：+886-2-2518-0778 |
| 網路訂購 | 秀威網路書店：http://www.bodbooks.com.tw |
| | 國家網路書店：http://www.govbooks.com.tw |
| 法律顧問 | 毛國樑　律師 |
| 總 經 銷 | 聯合發行股份有限公司 |
| | 231新北市新店區寶橋路235巷6弄6號4F |
| | 電話：+886-2-2917-8022　傳真：+886-2-2915-6275 |

| 出版日期 | 2017年2月　BOD一版 |
|---|---|
| | 2019年7月　二刷 |
| 定　　價 | 380元 |

國家圖書館出版品預行編目

日本說走就走,絕美四季!:無時不刻,出發～日本
さいこう! / TOMOKO 著. -- 一版. --　臺北市:釀
出版, 2017.02
　　　面;　公分. --(釀旅人;29)
　BOD版
　ISBN　978-986-445-177-7(平裝)


　1.旅遊　2.日本

731.9　　　　　　　　　　　　　　　105024629

# 讀者回函卡

感謝您購買本書，為提升服務品質，請填妥以下資料，將讀者回函卡直接寄回或傳真本公司，收到您的寶貴意見後，我們會收藏記錄及檢討，謝謝！如您需要了解本公司最新出版書目、購書優惠或企劃活動，歡迎您上網查詢或下載相關資料：http:// www.showwe.com.tw

您購買的書名：_____

出生日期：_____年_____月_____日

學歷：□高中 (含) 以下　　□大專　　□研究所 (含) 以上

職業：□製造業　□金融業　□資訊業　□軍警　□傳播業　□自由業
　　　□服務業　□公務員　□教職　　□學生　□家管　□其它_____

購書地點：□網路書店　□實體書店　□書展　□郵購　□贈閱　□其他

您從何得知本書的消息？

　　□網路書店　□實體書店　□網路搜尋　□電子報　□書訊　□雜誌

　　□傳播媒體　□親友推薦　□網站推薦　□部落格　□其他_____

您對本書的評價：（請填代號　1.非常滿意　2.滿意　3.尚可　4.再改進）

　　封面設計____　版面編排____　內容____　文／譯筆____　價格____

讀完書後您覺得：

　　□很有收穫　□有收穫　□收穫不多　□沒收穫


對我們的建議：_____

_____

_____

_____

11466
台北市內湖區瑞光路 76 巷 65 號 1 樓
# 獨立作家讀者服務部　　　　收

......................................................................

（請沿線對折寄回，謝謝！）

姓　　名：＿＿＿＿＿＿＿＿＿　年齡：＿＿＿＿　性別：□女　□男

郵遞區號：□□□□□

地　　址：＿＿＿＿＿＿＿＿＿＿＿＿＿＿＿＿＿＿

聯絡電話：(日)＿＿＿＿＿＿＿＿＿　(夜)＿＿＿＿＿＿＿＿＿

E-mail：＿＿＿＿＿＿＿＿＿＿＿＿＿＿＿＿＿